# 视听体验式心理教育主题课程

中国心理学会心理学普及工作委员会
中科普（北京）教育科技中心　编

国家行政学院出版社

## 图书在版编目（CIP）数据

视听体验式心理教育主题课程：全3册 / 中国心理学会心理学普及工作委员会，中科普（北京）教育科技中心编.—北京：国家行政学院出版社，2011.9
ISBN 978-7-5150-0132-6

I. ①视… Ⅱ. ①中… ②中… Ⅲ. ①青少年—心理教育—教材　Ⅳ. ①B844.2

中国版本图书馆CIP数据核字(2011)第203574号

| | | |
|---|---|---|
| 书　　　名 | 视听体验式心理教育主题课程 |
| 作　　　者 | 中国心理学会心理学普及工作委员会<br>中科普（北京）教育科技中心 |
| 责任编辑 | 聂笃克 |
| 出版发行 | 国家行政学院出版社 |
| | （北京海淀区长春桥路6号　　100089） |
| 电　　话 | （010）68920640　68929037 |
| 经　　销 | 新华书店 |
| 印　　刷 | 廊坊天天彩印有限公司 |
| 版　　本 | 2011年10月北京第1版 |
| 印　　次 | 2011年10月第1次印刷 |
| 开　　本 | 850毫米×1168毫米　大32开 |
| 印　　张 | 17 |
| 字　　数 | 300千字 |
| 书　　号 | ISBN 978-7-5150-0132-6/B·011 |
| 定　　价 | 48.00元 |

# 编 委 会 成 员

# 目　　录

# 序 论

## 一、关于学校心理教育的理论探索

### （一）目前我国心理教育开展的现状

2008 年 8 月教育部下发《中小学心理健康教育指导纲要》，明确了加强中小学生心理健康教育的重要性和紧迫性。在以上教育政策方针的指导下，全国各地的中小学陆续开始配备心理辅导老师解决学生的心理问题，并且取得了一定的成绩，但在具体实践工作中依然存在一些亟待解决的问题。

目前我国中小学的学校心理教育工作开展的主要形式有心理活动和讲座、个别辅导、团体辅导、教育教学渗透等。其中最常见的是以主题活动为中心的"全班参与模式"，这种形式通常以一学期或一学年为时间单位，以发展某一心理品质或解决某一普遍存在的心理问题为目标，围绕某一主题组织一连串的活动。这些途径的主要辅导力量是班主任，心理教师的作用并没有完全得到发挥。同时心理教育并未作为一门学科，教师、家长和学生很难引起重视；更重要的是教授的知识点及体验分享较少，使得心理教育效率低下。究其原因，主要有下列几个方面：

#### 1. 认识上的误区

目前除了在边远地区以外，心理教育已成为了我国大部分地区中小学校的一项常规工作。但在学校心理教育的开展方面普遍存在着几个误区：其一把心理教育完全等同于是心理健康教育。随着长时间的心理健康普及，这个趋势走到了另一个极端：认为心理就是心理健康，心理健康教育的工作就是"治病"的工作，这就给对这项工作任务的认识和现实开展带来了许多局限；其二把心理教育看做是针对少数问题学生的"治病"工作。由于心理老师的兼职身份或者学生的"病耻感"，这都在某种程度上限制了心理教育工作者的工作范围和工作成效；其三认为心理教育的开展方式就是心理咨询和辅导，这就至少遗漏了学校教育的一个主体工作领域，即对大部分正常发展的学生和对学生的发展提升的问题。如果不能消除这些认识上的误区，将会严重影响学校心理教育工作的有效开展。

### 2. 心理教师队伍的制约

我国广大的心理教师尤其是中小学心理教师面临三重困难：第一，心理教师不受重视。大部分学校的心理教师没有正式编制，职业身份模糊和尴尬，缺少归属感，因而心理教师的队伍极度不稳定。第二，心理教师的工作性质被长期误解。"育心"工作是一个长期系统工作，短期内很难看到什么具体的成效，导致很多教师同行和家长对其工作缺乏正确的认识和评价，容易使心理教师的自我效能感降低，甚至对工作本身的意义产生怀疑。第三，心理教师的职业发展空间障碍重重。在多数中小学校里，心理教师都是单打独斗的"光杆司令"，一切工作都是靠自己学习与探索，在课程、培训、交流方面，机会也是少之又少，这些会严重影响心理教师的业务水平提高和个人职业发展，甚至造成职业枯竭，心理教师自身也会因此陷入孤独感和焦虑感之中，这些都严重的制约了心理教师的个人成长与职业发展。

### 3. 心理课程的非学科地位

首先，目前我国的心理教育缺乏统一的课程大纲、教学教材和教具。心理教师大多是运用自己编订的心理教材，或者由学校主管部门制定的校本教材进行授课，也没有心理教育教学教法的相关参考，这就会导致心理课程的教学目标极度模糊，教学效果也就无从谈起。其次，我国各中小学的心理教师多缺乏规范化的专业知识和教学技能的培训，对专业心理教师的入岗标准、执教标准、考核标准也没有统一的制度，因此心理教师的任职资质和教学绩效也无从考核。第三，缺乏对心理教学效果的可靠评估工具和评估手段。评价任何事情的结果好坏优劣、有效无效，都必须是针对同一个目标或在同一个标准下而言，如果没有有效的评估指标体系，就很难真正有效地提升心理教育的质量和提高心理教师的专业素质。

**（二）学校心理教育的理论内涵**

基于对我国前期心理教育实践的经验总结，怎么利用好现有的资源、怎么突破这几个局限就成为我们提出心理教育这个完整概念的出发点。只有同时利用好现有资源，又突破这几个局限后，我们才能真正在学校里开展好心理教育。

无论是包括由社会和家庭施加其影响的广义教育还是由有组织的、专业化的机构开展的狭义教育，其核心目的都是为了促进人的发展。具体来说，就是为了促进人的生理、智力和心理三方面的全面发展，这三个方面的功能分别是由体育、智育和心育来实现的，这三

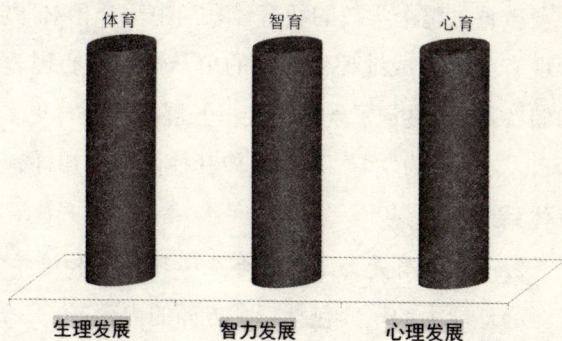

个方面的教育也构成了学校教育的三大支柱，如上图。

**1.人的生理、智力和心理发展之间的关系**

人的生理、智力和心理这三个方面的发展是并行但不同步的，因此存在着不同年龄阶段的发展特点，而且存在着明显的个体差异，在发展阶段和发展差异上都存在着优先发育和滞后发育的问题。

通过对这三个支柱单独发展或者单独损伤的研究和实践发现，心理发展的水平对于前两者的发展起着调控的重要作用。若是淡化了心理教育，就像"木桶短板原理"一样，短缺的心理能力会严重制约学生的全面多维健康的发展。一个人在学校毕业后能否在社会上有所成就，能否正常健康快乐地生活和工作，需要这三个支柱的协调。所以从这个意义上讲，心理教育在目前基础教育得到长足发展的前提下，成为了青少年成才教育中至关重要的环节。

目前在学校针对学生的生理发展，主要是由负责体育课程的老师来承担的；学生的智育在学校是由各个学科教育的老师来负责完成的，这个方面的教育相对也是比较完善的；相比较而言，心理教育是整个学校的教育体系当中一个相对薄弱的的环节。由于现有的教育成绩评价体系的单一性以及心理教育的知识和技术储备薄弱，决定了现在学校里开展心理教育更多是以学校和老师自发、自觉为主导，而不是像其他两方面那样有组织、有计划、有体系地推进。

**2. 心理教育是为了促进学生心理发展和培养学生心理能力**

心理能力的培养包括三个方面的内容：

①**心理素质。**心理素质的概念是相对于心理状态而言的，是指一个人较为稳定、基本不变的一些心理品质特点。心理素质的养成更多地跟孩子在成长发展过程中所体验和发展出的诸如安

全感、被关注、被尊重、自我控制感、成就感、亲子依恋及同伴之间的竞争和合作关系等有关。这些心理品质大部分是在家庭教育中习得，随着孩子的成长，学校教育和社会人际关系对他的影响逐渐增大。因为学校的教育更多地集中在培养孩子向外部世界探索和参加社会生活的能力，这符合儿童青少年的发展规律和心理特征。

②**专项能力。**这部分的心理能力跟一个人的智力发育侧重有关，也跟个体的人格类型有关。学校教育的目标就是尽可能地发挥学生的潜能，培养与其个性相匹配的专项能力。

③**应激能力。**应激能力也叫压力应对能力，是指个体在遭遇重大的生活事件或情境压力时，所采用的应对方式和行为风格。个体应激能力的高低和他本身的心理素质相关，也取决于他的社会支持系统及他对这个系统的利用程度和能力。

### 3. 心理教育和心理健康教育、德育的关系

心理健康教育是心理教育的重要组成部分，没有健康教育的心理教育是不完整的心理教育。除心理健康教育以外，心理教育还包括心理能力教育，比如学习能力、应激能力的教育。这是超越具体学科的一个基础培养，而且能力教育是在健康教育的基础上开始的。需要指出的是，心理健康教育不仅仅是知识的传播，比如对于低幼年龄阶段的儿童，心理健康教育更多的是要讲求健康的效益，如安全自护的教育、良好习惯养成的教育等。

德育不仅仅是道德教育。其核心使命在于引导价值观和人生观，以培养学生的道德理想和政治素质为其主要任务；而单纯的体育、智育和心育的具体教育目标需要配合整体德育教育的目标。体育教育的具体目标是培养一个健康、强壮的体魄；智育的使

命是在最大程度上开发和培养学生智力上的潜能，具备更高地接受知识的能力和创造知识的能力；而心理教育有自己独立的任务，也有与其他两大支柱协作的任务。所以，德育是教育体系中的上层建筑，是建构在体育、智育和心育三大具体教育任务之上的更高教育理想与使命，而三大具体教育是实现德育的手段和途径。

### （三）学校心理教育的任务和目标

#### 1.心理教育独立的任务——促进心理发展

心理教育作为学校教育的三大支柱之一，有着和其他两个支柱相并行而独立的工作领域：促进学生心理发展，建立和健全一个多维度的人格体系构架。在学校的教育体系当中，设立配备专门专业的心理教育的机构和人员，这是非常有必要的，因为这是一个重要而独立的教育工作任务。

#### 2.心理教育与其他学科协作的任务——促进能力提升

从事心理教育的工作者，需要和从事其他学科教育的老师之间有一个协作的任务。这个任务就是促进学生能力的提升，包括学生学习的能力、与人交往的能力、个体独立生活和生存的能力等。

#### 3.心理教育的最终目标是服务于人才培养

学校教育的使命就是人才培养。教育工作者要善用自己的实践经验和知识积累，去发现和培养学生的潜力，并且指导学生发展自己的特长和潜能。同时，心理教育工作者要善于运用一些心理学的技术，去指导和提高自己的教育实践和效果。

### （四）心理技术在学校教育中的应用

#### 1.心理技术包括心理评估技术和心理干预技术两大类

心理评估包括对心理状态的评估和心理能力特质的评估。心理状态评估的目的是筛查和保护，对一些具有心理高危易感的人群实施监测；心理能力特质的评估可以针对大部分的学生开展，其目的是为了了解个体的能力倾向、兴趣倾向和心理特质，这对于针对性地进行能力训练和兴趣定位都有很大的参考意义。

心理干预技术包括两类。一类是提升和发展性的心理课程、心理辅导和训练等，这一类的工作可以由一般的心理专业工作者或其他教育工作者负责操作；另一类是针对有严重心理障碍和心理疾病的个体，必须由受过系统训练的专业人员介入进行心理咨询和心理治疗的干预。

**2. 心理技术在学校教育中的应用**

①**心理评估与监测要常规化。**通过建立学生心理档案、新生入学心理常规检查等方式，把对学生的心理状态评估和心理能力特质评估技术在学校教育中慢慢地常规化。心理能力的测评对于教学和学习能力之间是直接相关的，这部分跟学校的各学科教学密切联系，也是心理测评研究部分的主攻方向。

②**心理能力提升要系统化。**通过系统地针对老师和学生分别开设心理教育课程、组织团体辅导和活动、行为操作训练等方式逐渐提高学生的学习能力、自我调控能力及应激能力等。

③**心理支持与干预要制度化。**通过对学生进行心理科普知识宣传、安全教育、心理健康辅导等建立一套使学生自助互助的制度，对于个别有需要的案例采取专家介入的手段进行干预。

**（五）学校心理教育工作的要点分析**

**1. 学校心理教育开展要理顺三个关系**

**（1）理顺心理教育与德育工作的关系**

谈心理教育并不是要回避和淡化德育，反而要明确与突出德育，其关键是要理顺二者间关系。如前所述，德育是教育体系中的上层建筑，是建构在体育、智育和心育三大具体教育任务之上的更高教育理想与使命。德育是渗透在每一个学科教育中的，每一个具体学科教育里面都包含有德育，每一项具体学科教育的手段与技术也都能够服务并促进德育工作，心理教育正是其中重要的一个方面。

**（2）理顺心理教育与学科教育的关系**

心理教育有一个与其他学科教育协作的任务，目的是为了促进学生心理能力的发展和提升。心理教育中关于学习能力和学习机制研究的内容，就必须与学科教育配合实施。

**（3）理顺心理教育与学生成长的关系**

心理教育是学校教育的三大支柱之一，心理发展也是学生全面发展的支柱之一，而且心理发展是对人的体力和智力发展具有调控作用的。所以若是淡化了心理教育，就像"木桶短板原理"一样，短缺的心理能力会严重制约学生的全面多维健康的发展。

**2. 学校心理教育开展要抓住两个面向**

一是面向大多数学生，二是面向大多数问题。心理教育不能只盯着少部分同学的个别问题，这会使得心理教育在学校教育系统内被逐渐边缘化，心理教师在学校中的价值也将大打折扣，不能充分发挥心理学理论与技术在教育体系的重要支撑与促进作用，更无法实现心理教育与智育、体育的协同配合。

**3. 学校心理教育开展要建立一个工作体系和机制**

心理教育工作要有一个体系，离不开广大一线教育工作者，离不开心理教育科研和心理教育实践的紧密结合。尤其在前期已经具有的很好的工作基础上，通过这个工作机制的建立使得心理教育的内容和方式更丰富和常规化，达到教育的最高理想：培养学生具有良好的心理素质，有很好的知识技能，有健康的身体，实现学生的全面和多维健康发展。

## （六）学校心理教育规范化建设工作思路

### 1. 立足于我国学校教育的现工作体系和框架

学校教育的根本使命是发现和培养人才，促进学生的生理、智力和心理三方面的全面均衡发展，这三个方面的功能分别是在学校教育中由体育、智育和心育来实现的，这三个方面的教育也构成了学校教育的三大支柱。

学校心理教育的规范化建设工作必须立足于学校教育工作体系和工作框架，逐步实现学校心理教育普及化、规范化和常规化实施开展，使学校心理教育面向大多数学生的发展性和成长性问题，从而真正发挥作为学校教育的三大支柱之一的功能。

### 2. 立足于服务广大一线的中小学心理教师

目前我国中小学校心理教师从事或者开展的心理教学工作，不仅各个地区之间，甚至同一地区的各个学校之间的差异程度远远超过其他学科教育的差异。究其原因就在于我国中小学的心理教育既没有国家统一的一套教学大纲标准，也没有心理教师统一的教材、教具和心理训练课程。虽然有一些省市和地区对学校心理教育的重视程度很高，也组织学校老师编了一些校本教材，但整体来说，由于缺乏系统的专业指导和教学评估标准，使得许多一线的心理教师在心理课程的教材教具选择、心理教育的开展形式、和其他学科教师之间的相互配合协作等方面面临着一些实际的困难。

学校心理教育规范化建设，就需要为广大一线的心理教师提供规范化的教材教具、专业和技能培训，搭建心理教学经验交流等方面的平台,推动学校心理教育队伍的壮大稳定和专业水平的不断提高。

### 3. 把心理教育课程体系的规范化作为核心和首要工作

要实现学校心理教育的规范化建设,就必须清晰地制定学校心理课程的教学目标和教学大纲、编订学校心理课程的标准参考教材、大力推进心理技术的应用和心理教学工具研发,促进心理科学技术的在学校教育中的应用性转化。

规范化心理课程体系需要操作简便,课程内容标准化程度高,易于心理教师掌握与学习,适合大范围培训、推广和使用,同时课程形式设计也需要规范化,使得心理教师经过一定时程的培训,就能达到一个基线的教学效果和教学目标。

### 4. 以规范化的心理教师培养机制和心理教育评估标准建设为保障

学校心理教育的规范化建设离不开心理教师队伍的高度专业化,不断提升其专业技能和教学技能。因此在学校教育体系中逐步建立和其他学科一样的心理教师培养和晋升体制,从制度上系统保障心理教师队伍的专业性和稳定性。另外,对心理教育的教学成果也应该有一个评估的标准,利用科学的评估手段和工具,有效地提升心理课程的教学质量和教学模式,促进心理课程学科化的进程,最终彰显出心理教学和心理教师在学校教育中不可取代的作用。

以上几点就构成了学校心理教育规范化建设的"三合一"结构,如下图。

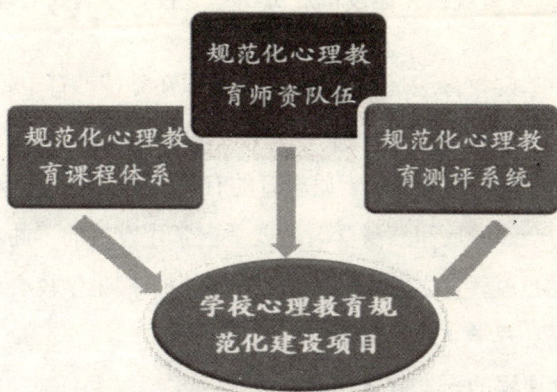

规范化心理教育师资队伍

规范化心理教育课程体系

规范化心理教育测评系统

学校心理教育规范化建设项目

**5.将各方面专业力量和一线心理教师的实践工作紧密结合**

　　要充分联合心理学、教育学、传播学、艺术等各方面专业力量,尤其是心理学技术的应用性研究机构,形成以科研研发带动、应用技术转化、一线教师实践的心理教育工作联合体。

## 二、学校心理教育规范化建设试点工作——视听体验式心理教育主题课程

不论在基础教育还是素质教育中，课程在学校教育中始终处于核心地位，教育的目标价值和学校办学目标主要通过课程来体现和实施。课程建设是实施素质教育的有效载体，课程建设要着眼于学生的全面发展和终身学习，要适应学生发展的不同需要。视听体验式心理教育主题课程的研发即是为了满足学校心理教育和心理课堂教学实践的需要。

### （一）课程的研发背景和基础

本课程的研发是由中国心理学会心理学普及工作委员会与中科普（北京）教育科技中心组建来自心理学、教育学、传媒学、影视艺术类等领域内的专家团队共同研发，也是科普委近年来在有关儿童青少年的相关科研项目成果基础上进行的延伸。

从 2003 年开始，科普委主持的相关项目工作中，就已经开始尝试使用一些影视类素材在心理课堂上。2009 年开始在全国进行试点推广。截至 2010 年 6 月，全国共有 8 个省/直辖市 50 所中小学校的数万名中小学生接受过视听体验式的心理课程教学，许多一线的心理老师就心理课的教学效果和使用情况给予了积极的反馈。2011 年 2 月开始，对主题课程的结构和体系进行更加标准化、结构化的完善和丰富。

### （二）课程的特色和优势

#### 1. 操作标准化

本套规范化心理课程操作简便，课程内容标准化程度高，易于心理教师掌握与学习，适合大范围培训、推广和使用。同时课程形式设计标准化，学校教师可以针对自己学校的实际情况需

要，结合自身的教学实践，参照此课程的设计原则和结构制定本校的校本教材。

### 2. 主题统一性

本课程以儿童青少年的心理自我发展为主题，通过心理课堂的各个环节设置和训练，以期帮助孩子完成个体化和社会化的同时发展。同时，本套心理教育课程根据不同年龄阶段个体的心理发育阶段特点，分别设计了小学、初中和高中三阶段的课程。

### 3. 新技术使用

本套课程的显著特色就是规范化地采用视听类素材，如电影、电视剧的片段剪辑，科普知识视频和挂图、歌曲等作为教学的主要媒介和载体。视听类教材是一种超文本载体，比单一媒体负载的信息量大，学生得到画面、语言、音乐的复合刺激后，获得丰富的感性经验，能够更好地促进学生逻辑思维能力的发展，这是教师利用文本教学所无法表现和替代的。视听课直观生动、具体形象，具有较强的感染力，能将复杂的事物简单化，深刻的内容直观化，符合中小学生的认知规律。

### 4. 课堂教学延伸

三个阶段的课程教材都分为教师教学参考用书和配套的学生练习手册。教师用书着重突出每单元课程教学的教学目标、教学方法和教学要点，因此更具结构化和系统化。同时为强化和巩固教学效果，结合课堂教学要点和教学形式，编制配套的学生练习手册，供学生课堂练习和课后自助训练使用。

### （三）课程的理论框架和主题内容

### 1. 以自我发展为统一主题

围绕自我发展这个主题，设计每个小、初、高这三个年龄阶

个性发展 社会化发展

段的课程。因为自我发展是儿童青少年心理发展的核心命题和主要任务，也是个体心理发展成熟的重要标志。个体的自我发展是个性和社会化同期发展的过程，并且这两个方向的发展互相影响，互相促进，即个体必须在社会交往过程中同时完成个性发展和社会化的发展，同时也在家庭、学校和同伴关系交往中逐步形成自我、人际自我和社会自我，因此每个学龄阶段的课程都围绕着自我个性和社会化发展这两个方向进行设计。

### 2. 小学阶段儿童自我发展和心理教育的主要任务

小学阶段儿童的自我意识处于客观化时期，是初步获得社会自我的时期。小学阶段是对自我的认识发生很多重要变化的时期，引起这些变化的一个重要原因是儿童期自我评价和社会比较的发展。儿童的自我评价更加客观化和多维化，自尊也进一步分化。儿童对他人的理解也逐步可以进行自我反省观点采摘和第三方观点采摘，并能逐渐按照社会规则对自己的情绪进行理解和自我调节。这个阶段心理教育的主要任务是对小学生**进行养成教育**，通过行为习惯和规范，提升小学生自信心，提高其自尊水平。同时在家庭和学校社会人际交往中，逐步掌握一些人际交往沟通和适应社会规则的心理技能。

### 3. 初中生自我发展和心理教育的主要任务

初中阶段的青少年正处于身体、情绪、心理发生剧烈发展变化的阶段，这种剧烈发展对青少年个体的自我发展会带来深刻的影响。这个时期个体的自我发展的突出特征就是不平衡性、不稳定性和闭锁性。由此会带来个体内部的**矛盾体验**，以及社会交往关系中的冲突性色彩，情绪体验中负性情绪占有很大的比例。这个阶段心理教育的主要任务是通过认知上的理解和肯定、关系行为模式的引导、冲突处理的技能训练等，特别需要父母及社会其他教育力量对其提供稳定化的支持，帮助个体完成这个人格形成的关键时期。

### 4.高中生自我发展和心理教育的主要任务

青春期的自我发展是对少年阶段的终结，也是即将进入成人社会的过渡阶段，开始进行成人早期阶段的认知上的引导和心理上的准备。高中生在完成"自我认同"过程中，不断探索和思考人生的价值，逐渐形成自己的价值观。这个阶段的心理教育，需对青春期阶段出现的**冲突的自我意象**、行为和情绪方式等进行梳理、引导和积极关注，使其能够掌握"认知冲突——理解冲突——处理冲突——与冲突共处"的心理技能。在心理结构内部形成足够的知识储备，确立正确的情感认同，培养积极的思维方式，在外部行为层面学会良好的应对技能的目标。

### （四）课程的素材选取和使用

### 1.视听素材的使用优势

本套课程的显著特色就是规范化地采用视听类素材，如电影、电视剧的片段剪辑，科普知识视频和挂图、歌曲等作为教学的主要媒介和载体。这种类型的素材，因其多通道的信息传递模式、榜样示范的偶像效应、高度系统化和节奏感的课堂结构，都会更有利于教学要点的呈现和教学目标的实现。

### （1）视听素材对课堂上学生思维的影响

①加快思维的速度。课堂教学中，采用电影、电视剧剪辑片

断，制成课件形式进行展示，丰富的视听信息直接经过学生的感知系统加工，诱导学生自觉地展开思维，学生主观能动性提升，促进了创造性思维的培养。

②调动思维的积极性。视听素材把知识内容从抽象转化为具体生动的形象，提供丰富多彩的画面及动听的音乐，为学生创造一个新颖的学习情境，调动学生的智力因素，同时也调动了学生情感、意志等非智力因素。同时这种教学形式能使学生在学习中获得轻松愉快的情感体验，形成稳定的学习心境，培养良好的学习习惯，这势必会激发思维的积极性，使学生处于主动地位，符合当前回归学生主体地位的教学原则。

③创设思维情境。视听技术通过视听信息的传递，直观明了的创设情境、激发情感，使学生积极参与情感体验，提高学生的思维能力。视听教学中形、声、图的综合运用，能有效地渲染气氛，唤起学生的思想共鸣，既能学习知识，又对学生进行了思维训练，达到了培养学生思维能力的目的。

**（2）视听素材对课堂上学生心理的影响**

①学生的求知欲主要来自对知识的好奇和兴趣，只有对知识的求知欲，才能主动追求知识，才能有发现和发明创造。视听素材教学能很好地激发学生的求知欲望，营造良好的学习氛围。

②传统课堂授课方式，教师很难全面注意到所有同学对课堂内容的接受情况，课堂上能表现出来对知识理解的往往是一些较好的学生，而对中等偏下的学生而言，由于自尊心的影响，往往不敢主动表现和表达自己。以视听素材作为教学工具，再加上教师规范化的教学方式，可以大大地提高全班同学的卷入程度，从而提升整体的教学效果。

可见，视听素材课程非常适用于心理教学工作。它利用视觉信息丰富学生的感性认知，能够再现事物变化的状态和过程，把客观事物的形、图、色作用于学生的感官，使抽象的理论关系具体化、形象化，让学生"眼观其形"、"耳闻其声"、"心通其义"，从整体上提升心理教学的水平。

**2. 教学素材的选取**

①教学素材全部来源于国家公开发行和放映的影视片、音乐歌曲、电视连续剧等。

②在影片题材选取上，根据每节课程所要表达的主题和知识点来选取，以宣传积极健康的价值观为导向。

③小学阶段课程所选电影片断一般具有节奏感和动作感的素材，主要以动漫题材为主；初中阶段课程所选电影片断一般具有故事性和教育性的素材，主要以成长故事为主，辅以动漫；高中阶段课程所选电影片断一般具有内涵性和表现性的素材，主要以国内影片为主，辅以国外经典影片，但要考虑其不同文化下的不同价值观问题。

④每节课程所使用的影视片断可以节选自一部影片，也可以使用不同的影片，但都是围绕着课程主题和教学目标来节选的。

**（五）课程的课堂教学结构**

**1. 教材格式**

视听素材课程教材分为教师用书和学生手册。

（1）教师用书

教师用书中每节课程都分为教学方案和教学过程两个部分。

①教学方案。教学方案包括教学目标、教学注意事项、理念引领、主要术语、教学工具、讲课大纲、背景信息等。

②教学过程。教学过程采用三栏式格式，左栏显示的是课堂时间进度；中间栏显示的是课堂的主体内容，一般分为三个阶段，导入环节——课程讲解环节——结束与仪式环节；右栏显示每个阶段的教学注意事项或材料准备说明。

（2）学生手册。

学生手册作为学生课堂练习或测评配套使用的资料页，可供学生课堂练习或课后完成作业使用。

**2. 课堂教学结构和流程**

本套课程形式和内容标准化程度高，课堂结构逻辑性强、节奏鲜明，课程各个环节属于递进关系，所要传递的知识点层层深入，彼此之间又相互关联呼应。

（1）课堂教学结构

每节课程都分为导入——课程讲解——结束三个环节，用时共 45 分钟，具体如下：

①视听类素材播放占整个课时的比例不超过 1/3，即总共不超过 15 分钟。

②活动、游戏和课堂练习的时间占整个课时比例的 1/3，即 15 分钟。

③知识点和技能讲解的时间不少于整个课时的 1/3，即不少于 15 分钟。

（2）导入环节

①导入环节是热身环节，通过热身，引出本堂课的主题，可以通过讲故事或是游戏形式开展此环节。

②导入环节需要学生准备纸笔、手册，通过活动，提高大家的学习兴致，但要注意场面控制，导入只是热身，教师注意控制

游戏的度，不要专注于游戏本身。

（3）课程讲解环节

①课程讲解阶段步骤是播放电影片断——提出问题——学生分享讨论——教师总结。

②课程讲解注意事项：时间控制可以根据自己讲课实际需要做适度调整，讨论分享时遇到争执应及时处理，冷场时教师要积极引导。

③在课程讲解中，教师需要把展示的知识讲解清楚，创造轻松的课堂气氛，在讨论过程中，可长可短，教师根据实际情况控制。

（4）结束仪式环节

①结束仪式环节是最后一个环节，这个环节可以通过各种游戏形式展开，这个环节对于整堂课程也是非常重要的一个环节，通过课堂40分钟的学习，学生可以总结归纳，能够明确通过此课学习真正留给自己的东西是什么。

②仪式结束时会播放与课程主题相对应的音乐歌曲，歌曲播放同时可以做游戏，可以写自己想说的话。在游戏环节，教师可以参考本课程推荐的游戏，也可以教授对象的特点为参照，选择适合自己学生特色的游戏。教师必须清楚什么一定要讲清楚，什么可以忽略，遇到争执如何处理等。

### 三、初中生心理发展特点和常见问题

#### （一）初中生的心理发展特点

##### 1.初中生的认知发展

##### （1）注意和记忆能力的发展

初中生有意注意进一步发展；注意分配和转移的能力不断提高；注意范围不断扩大。从记忆的目的性来说，初中生的有意记忆进一步发展；从记忆的方法来说，初中生意义识记的能力更加发展；从记忆的内容来说，初中生对词的抽象识记能力也有了新的发展。

##### （2）语言和思维能力的发展

在词汇掌握方面，初中生的词汇大大丰富，还能精确地辨别词语中的一些差异细微的近义词；在语法结构的掌握方面，初中生掌握了表示事物间各种复杂关系的语法结构；在语言表达方面，独白语言迅速发展，书面语言有了长足进步。口头语言和书面语言的发展，促使他们的内部语言也迅速发展起来，从而使他们的语言和思维日益具有自觉性。

初中生思维发展呈现以下特征：

①已开始占主导地位的抽象逻辑思维逐步由经验型向理论型转化，观察、记忆、想象诸种能力迅速发展，能超出直接感知的事物提出假设和进行推理论证，但这种抽象逻辑思维在很大程度上还需要感性经验的支持。

②思维的独立性和批判性显著发展，不满足于简单的说教和现成的结论，但由于还不成熟，所以容易固执和偏激。

##### 2.初中生的行为与人格发展

初中生行为和人格方面的发展呈现以下特点：

①行动的依赖性逐渐减少,根据目的而作出决定的水平不断提高,但仍较多地体现出服从倾向,在行动自觉方面的轻率或优柔寡断都时常表现。

②克服困难的毅力有所增强,仍有较强的受暗示性,喜欢并善于模仿。

③性格开始朝着稳定与成熟的方向发展,但仍具有很大的可塑性。气质的本能表现渐少,开始打上社会影响的烙印。

④因为有了较深刻的内心体验,所以社会性的、精神的需要范围扩大了,对需要的质量要求也提高了。因各种需要互相交织,所以满足需要和需要得到满足的体验都较过去强烈和丰富。

⑤行为动机开始出现间接性（不直接表现为某种行为）、稳定性（较长久地保持某一动机）、迟效性（动机的行为表现不立即显现效果）的特点。

### 3. 初中生的情绪情感发展

①随着思维的日渐成熟和自我意识的觉醒,初中生情感的指向日益广泛, 既有社会性情感,也有自我认知的态度体验。

②各种心理需要日益增长,容易动感情,且这种感情强烈而不稳定,具有两极性的特点。 开始经常地、较明显的出现一些持续性的情感状态,如焦虑、憧憬、性爱倾向等,代表性地表现为孤独、苦闷的闭锁心理。

### 4. 初中生的个性发展

初中生个性主要体现为两个特点:不平衡性和极端性、偏执性。

### （1）自我意识高涨

青春期后生理上的变化发生得过于突然,他们在持有一种惶惑感觉的同时，自觉或不自觉地将自己的思想从一直嬉戏于其中的客观世界中抽回了很大一部分，重新指向主观世界，使思想意识再次进入自我，从而导致自我意识的第二次飞跃。其突出表现是，初中生的内部世界越发丰富起来，他们在日常生活和学习中，常常将很多心智用于内省。

突然高涨的自我意识使初中生个性上出现主观偏执性特点：他们总是认为自己正确，听不进别人的意见；同时，他们又感到别人似乎总是用尖刻挑剔的态度对待他们。由于身体急剧变化，他们感到已长大成人，希望自己支配自己，并用批判的眼光看待周围事物，不少情况下开始对师长表现出不驯服，要求成人尊重他们的意志和人格。但主观愿望与客观现实常常充满矛盾，很容易自以为是。初中生总是觉得周围人时时刻刻都在品评他们，这使得他们感到压抑、孤独而且神经过敏。

（2）反抗心理

由于自我意识的突然高涨、中枢神经系统的兴奋性过强、独立意识强烈等原因，初中生普遍表现出对一切外在力量予以排斥的意识和行为倾向。这时的反抗主要是针对某些心理内容的：当独立意识受到阻碍、当自主性被忽视或受到妨碍、当个性伸展受到阻碍、当被迫接受成人的某种观点时，初中生较易出现反抗行为。

反抗行为表现形式多种多样，有时表现强烈，态度强硬、举止粗暴；有时以内隐的方式表现，漠不关心、冷淡相对；有时出现反抗的迁移，即当某一人物的某一方面的言行引起了他们的反感时，就倾向于将这种反感及排斥迁移到这一人物的方方面面。

（3）情绪表现矛盾性

初中生情绪表现充分体现半成熟、半幼稚的矛盾性特点：情绪强烈、狂暴性与温和、细腻性共存；情绪的可变性与固执性共存；内向性与表现性共存。

**5. 初中生的社会交往发展**

**（1）亲子关系**

初中生与父母的关系发生微妙变化，感情逐渐疏远：初中生与父母逐渐在情感上、行为上、观点上慢慢脱离，父母的榜样作用渐渐削弱。

**（2）朋友关系**

为了补偿由闭锁心理而带来的孤独感和苦闷感，友谊便成了青年期最主要的人际关系，他们渴望得到安慰理解和以此充实精神生活。朋友关系在初中生心目中日益重要，他们会将感情的重心偏向关系密切的朋友。初中生朋友关系主要有以下特点：

①逐渐克服团伙交往方式，初中生交友范围逐渐缩小，最好的朋友一般是一至两个。他们通常选择有共同的志趣和追求、有共同的苦闷和烦恼、性格相近的、在许多方面能相互理解的同龄人建立相对稳定而持久的友谊。一旦根据上述择友原则加入或组成某一非正式群体，便会对该群体的规范产生极大的认同，从而该群体便会成为影响个人品质的重要因素。

②随着性别意识的增强，初中生与异性朋友间的关系呈现新特点。初中生对异性的兴趣以相反的方式予以表达，不是相互接近，而是相互排斥。到初中后期，男女生之间逐渐开始融洽相处。而且在这一时期，男女生心目中都会有一位自己所喜欢的异性朋友，但他们通常不公开，而作为心中秘密保存起来，随着时间的流逝，随着他们各方面的发展与成熟，随着价值观念的不断变化

和调整，这份感情慢慢淡化下去，甚至完全消失。

（3）师生关系

初中生不再盲目接受任何一位老师，而是偏爱于那些知识渊博、授课水平高、热情和蔼、关心学生成长、有朝气的老师。对于自己喜欢的老师，他们会做出积极反应，而对于不喜欢的老师，会采取极端否定的态度，对他们的一切言行都给予拒绝的态度。

### 6. 初中生的心理危机

初中阶段个体身体发育进入了第二次高峰期，是身体发育的鼎盛时期及性成熟时期，然而心理发展水平有限，身心发育水平之间的矛盾，使初中生面临种种心理危机，容易出现心理危机。这是一个特殊的阶段，初中生的身心处于一种非平衡状态，导致心理发展表现出一些矛盾性的特点。

（1）生理变化给心理活动造成的冲击

进入初中阶段以后，生理上的急剧变化给初中生的心理活动带来了很大的影响。一方面，初中生身体外形的变化，使他们产生了成人感，他们渴望能在心理上尽快进入成人世界，扮演全新的社会角色，追求全新的行为准则，在追求中碰到各种困惑；另一方面，性的成熟使初中生对异性产生了好奇和兴趣，萌发了与性相联系的一些新的情绪情感体验，滋生了对性的渴望，但又不能公开表现，使他们体会到一种强烈的冲击和压抑。

（2）心理上成熟性和幼稚性的矛盾

初中生的心理活动呈现半成熟、半幼稚性的矛盾状态。成熟性主要表现为：由于身体和生理机能急剧变化，初中生对人、对事的态度、情绪情感的表达方式以及行为的内容和方向等发生明显变化，他们渴望社会、学校、家长的信任和尊重；幼稚性主要表现为：由于认知能力、思维方式、人格特点及社会经验上的不足，他们的种种表现还显得有一定幼稚性。

初中生面临种种心理冲突和矛盾，具有明显的不平衡性，成熟性和幼稚性并存表现为：反抗性与依赖性、闭锁性与开放性、勇敢与怯懦、高傲与自卑、否定童年与眷恋童年并存。

### 7. 初中生的性意识发展

性意识的普遍萌生，致使异性同学间的交往发生了较大变化，而且交往方式带有很强的个性特征。如有的仍然恪守"男女界线"，有的喜欢与异性同学（往往并非特指）一起参加活动，有个别的已开始思慕起某个特定的异性。由于这个时期比较缺乏青春期知识、自制能力和社会道德意识，所以相对高中时期来说，男女同学的交往中"出格"的较多。

### （二）初中生常见的心理发展问题

初中阶段，学校心理教育的主要任务是帮助学生适应中学的学习环境和学习要求，培养正确的学习观念，发展其学习能力，改善学习方法；把握升学选择的方向；了解自己，学会克服青春期的烦恼，逐步学会调节和控制自己的情绪，抑制自己的冲动行为；加强自我认识，客观地评价自己，积极与同学、老师和家长进行有效的沟通；逐步适应生活和社会的各种变化，培养对挫折的耐受能力。

### 1. 初一年级心理工作应该把握的重点

①入学适应性辅导。

②根据初一学生进入青春期后独立意识和成人感的迅速发展所带来的诸多人际矛盾，开展自我意识辅导，帮助他们克服正处于高峰状态的"自我中心"意识，正确处理好亲子关系、师生

关系和同伴关系，这三种关系处理得越好，学生的自我同一感也就越强。

**2. 初二年级心理工作应该把握的重点**

①根据初二学习难度加大、学习成绩出现"两极分化"趋势的严峻现实，大力开展学习心理的辅导和学习方法、学习策略的指导。

②根据初二学生在性生理发育上已经基本达到成人水平以及在性心理上普遍出现的相关特征，突出青春期性心理辅导特别是异性交往辅导。

**3. 初三年级心理工作应该把握的重点**

①开展抗挫折辅导，以帮助学生用更强的耐挫力和更切合实际的目标期望来面对人生发展道路上即将到来的第一次重大的考验。

②在整个学年中，围绕着"自我的统合"这一核心，有计划、分步骤地抓好考前心理辅导与报考志愿的指导。

③帮助学生具有适应高中学习环境的能力，发展创造性思维，充分开发学习的潜能，在克服困难取得成绩的学习生活中获得情感体验。

④正确认识自己的人际关系的状况，正确对待和异性伙伴的交往，建立对他人的积极情感反应和体验。

⑤提高承受挫折和应对挫折的能力，形成良好的意志品质。

# 第1课　成长:"疯狂"中的美好

## 教学方案

### 一、教学目标

**1.知识掌握:** 能够理解在成长过程中所面临的快乐和烦恼。

**2.思维拓展:** 能够在成长中逐渐培养责任感、自豪感,接纳自己的成长。

**3.技能提升:** 能够积极应对成长中的困扰,勇敢承担起成长中的责任。

### 二、教学注意事项

1.注意掌握视听片段放映和游戏活动的时间分配,控制好课堂节奏。

2.引导性的问题较多,教师要给学生留出足够的时间。

3.教师对问题的引领要准确、积极和正向。

### 三、理念引领

1.成长的过程快乐与痛苦并存。

2.伴随着成长,我们承担的责任也在不断地加大。

3.我们应该体会成长的快乐,正确面对痛苦,勇敢地承担责任。

### 四、主要术语

**1.青春期:** 是指个体从 11、12 岁~14、15 岁这个发展阶段,也就是初中阶段。这个阶段是个体身体发展的一个加速期,而心理发展相对滞后,这种身体和心理发展的不平衡都会给初中生带来一系列"成长的烦恼"。

**2.责 任：** 一种职责或任务。它伴随着人类社会的出现而出现，有社会就有责任，身处社会的个体成员必须遵守的规则和条文，带有强制性。责任有对个人的责任和对集体的责任之分。

## 五、教学工具

多媒体、黑板、粉笔、贴纸（备用）

学生读本和笔（学生必备）

课程 PPT 一份

视听类素材

| 编号 | 时长 | 节选电影 | 内容简述 |
|---|---|---|---|
| M II-1-01 | （5′11″） | 片段1《疯狂的农庄》 | 奥提斯拒绝成长、拒绝承担保护农场的责任 |
| M II-1-02 | （4′56″） | 片段2《疯狂的农庄》 | 奥提斯在成长过程中体会到了痛苦与挣扎 |
| M II-1-03 | （3′34″） | 片段3《疯狂的农庄》 | 奥提斯成长起来，勇敢地与狼搏斗，保护农场 |
| S II-1-01 | （2′54″） | 歌曲 | 《蝴蝶飞呀》 |

## 六、讲课大纲

第一阶段　导入

活动和解读

第二阶段　了解成长中面临的困惑及解决的途径

　　步骤 1　理解何谓成长以及拒绝成长的表现

　　　　放片段 1

　　　　问题与讲解

　　步骤 2　了解成长中面临的困惑和解决的途径

　　　　放片段 2

　　　　问题与讲解

　　步骤 3　了解成长中所应担负的责任和获得成长。

　　　　放片段 3

　　　　问题与讲解

第三阶段　结束和仪式

　　练习活动：分享成长中的快乐与烦恼

　　一起听（或唱）《蝴蝶飞呀》

## 七、背景信息

　　处于青春期的初中生，身体各个方面都在迅速发育并逐渐达到成熟，生理上的成熟使他们在心理上产生了成人感，他们希望能获得成人的某些权利，找到新的行为标准并渴望变换社会角色，但心理的发展相对生理发育速度来说则相对不平稳，因而造成初中生身心发展的种种特殊矛盾和表现，身心发展的不平衡使他们不得不面临成长过程中的一系列的心理危机。

　　所谓的"青春躁动期"，主要体现在以下方面：

　　在生理变化方面，急剧变化的身体外形使初中生成人感强烈，期望尽快摆脱童年时的一切，期望扮演一个全新的社会角色，获得一种全新的社会评价，重新体会人生的意义，然而在追求这些的过程中，他们不可避免要面临种种困惑；性的成熟使他们对异性产生了好奇和兴趣，滋生了对性的渴望，但是又不能公开表现这种愿望和情绪，因而内心产生一种强烈的冲击和压抑[①]。

在心理变化方面，初中生成人感和幼稚性处于矛盾状态，心理呈现半成熟、半幼稚性。一方面他们强烈地追求成熟，渴望社会、学校、家长不再将他们看作小孩，而是能充分尊重和信任他们；另一方面他们的认知能力、思维方式带有很大片面性、表面性，人格特点上，情绪不稳定性、自我认识不深刻、意志力薄弱及社会经验欠缺。因而他们身心表现出明显的不平衡性：反抗性与依赖性、闭锁性与开放性、勇敢与怯懦、高傲与自卑等并存。

## 参考文献

① 林崇德主编. 发展心理学. 北京：人民教育出版社, 2006. 第 353～356 页

## 八、附录: 学生活动页

请每个同学用 4 分钟的时间回忆自己的成长过程,完成"成长中的快乐——""成长中的烦恼——""成长后的责任——"结构的句子,分别各三句。

成长中的快乐 1 ＿＿＿＿＿＿＿＿＿＿＿＿＿＿＿＿＿

成长中的快乐 2 ＿＿＿＿＿＿＿＿＿＿＿＿＿＿＿＿＿

成长中的快乐 3 ＿＿＿＿＿＿＿＿＿＿＿＿＿＿＿＿＿

成长中的烦恼 1 ＿＿＿＿＿＿＿＿＿＿＿＿＿＿＿＿＿

成长中的烦恼 2 ＿＿＿＿＿＿＿＿＿＿＿＿＿＿＿＿＿

成长中的烦恼 3 ＿＿＿＿＿＿＿＿＿＿＿＿＿＿＿＿＿

长大后我要承担的责任 1 ＿＿＿＿＿＿＿＿＿＿＿＿

长大后我要承担的责任 2 ＿＿＿＿＿＿＿＿＿＿＿＿

长大后我要承担的责任 3 ＿＿＿＿＿＿＿＿＿＿＿＿

# 教学过程

| | | |
|---|---|---|

**开始**
**第 0 分钟**

## 第一阶段——导入（8分钟）

**目标1：** 营造互动和轻松的氛围

**目标2：** 体验成长的过程

**1. 活动名：** "成长闯关"

**2. 具体操作：**

**指导语：** 现在我们进行一个小游戏，名字叫"成长闯关"。我们分别用四种身体动作来表示成长的四种状态：第一级是鸡蛋（蹲着），第二级是小鸡（半蹲），第三级是大鸡（站立并双手叉腰），第四级也是最高级是凤凰（站立并双手交叉举过头顶）。

首先每个人都是鸡蛋，两两一组，用石头剪刀布的方式决定输赢，赢了就成长一级，输了就降回一级，长成凤凰的人就不再进行对决。注意每个人都只能和同级别的人进行对决。

如场地所限，可将活动改为在衣服上增加贴纸，每升一级加一枚贴纸。即鸡蛋为一枚贴纸，小鸡为两枚贴纸，大鸡为三枚贴纸，凤凰为四枚贴纸。

**注意：** 正式开始之前老师先示范动作，以让大家熟悉规则。游戏时注意控制时长。

**注意：** 游戏过程中教师需要控制场面，以免混乱。

**引导语：**游戏结束后请同学们思考，在这个"成长闯关"的游戏中你有怎样的成长体验呢？比如，当你赢了，可以成长一级的时候，你是什么感受？当你不得不后退一级时又感觉怎样呢？

提示：
过渡句。

通过游戏，相信大家已经了解了今天课程的主题：成长。现在让我们通过电影《疯狂的农庄》的一些片段来一起看看在成长过程中都会遇到哪些问题？遇到这些问题时又该怎么应对和解决呢？

**第8分钟**

## 第二阶段——了解成长中面临的困惑及解决的途径（29分钟）

提示：注意每个步骤的时间。

**目标1：**理解何谓成长及成长面临的困惑

**目标2：**了解成长的表现及解决问题的途径

**步骤1 理解何谓成长以及拒绝成长的表现（10分钟）**

**片段1（5′11″）：**生活在农场里的一只少年小牛奥提斯，整天吊儿郎当，吃喝玩乐。他的爸爸本是动物

放片段1。
问题见PPT。

中的首领，对奥提斯的状态很担忧，希望他能尽快成长起来，承担起保护动物的责任。

**引出的问题：**奥提斯的父亲对他有怎样的期望？他自己又是怎么想的？

奥提斯的父亲希望奥提斯能早日长大，承担起守卫农场的责任，但是奥提斯却不这样想。在片段中，我们可以看到奥提斯对自己的认识不清、盲目地感觉自己很强大；对自己定位不准，并没有认识到自己可以承担起也应当承担起守卫农场的责任。

**教师总结：**奥提斯拒绝成长、拒绝承担责任，认为应该及时行乐，不必为农场的安危担忧。我们在生活中也常常会像奥提斯一样以各自的方式呼唤着"我不想长大"，但这并不能阻止我们成长，无法阻挡我们的身体和心智逐渐向着成熟的方向发展，该面对的问题我们还是要面对，会有需要我们承担的责任摆在我们面前，而逃避不是解决问题的方法。

**步骤 2　了解成长中面临的困惑**

**第 18 分钟**

**和解决的途径（10 分钟）**

片段 2（4′ 56″）：由于任性与贪玩，奥提斯没能保护农场的动物们，爸爸在与狼群的搏斗中牺牲了，小鸡们被狼抓走，这件事情对他触动很大，使他非常懊悔、自责。

**引出的问题**：奥提斯为什么感到不快乐了呢？他现在对自己的认识是怎样的呢？

奥提斯没能赶走狼群，农场的动物受到侵害，他感到深深的懊悔，也对自己非常没有信心。他开始尝试承担起自己应该承担的责任，但是这一过程并不顺利。面对狼群，他时而对自己能力有信心，时而毫无信心，奥提斯感受到了成长过程中的烦恼。

**教师总结**：在片段中，同学们可以发现，奥提斯逐渐意识到了自己的责任，他渐渐成长起来。然而成长的过程往往不是一帆风顺的，正如毛毛虫要成为漂亮的蝴蝶都必须经历破茧的挣扎一样，奥提斯也遇到了困难和疑惑。

在成长的过程中，经历困惑与不快是正常的，我们应当对此有足够的

放片段 2
问题见 PPT。

**提示**：此处老师可以现身说法，通过老师的实例，更加形象直观地感受成长的过程。

认识，做好迎接困难的准备。一方面应该看到困难并不是灾难，从家人、朋友和老师处，我们可以获得很多支持，另一方面，我们也要知道处理成长中的问题可能是一个不断反复的过程，只要我们有信心，不放弃成长，总会有所收获，不断趋向成熟。

**第 28 分钟**

**步骤 3　了解成长中所应担负的责任，以及从成长中获得快乐。（9分钟）**

**片段 3（3′ 34″）：**狼突然袭击了农场，带走了小鸡们，激怒了奥提斯，他义无反顾地去营救他们，后来他的朋友们也来帮忙，最终赢得了胜利。

放片段 3
问题见 PPT。

**引出的问题：**奥提斯现在发生了怎样的变化？为什么会发生这些变化？

在这一片段当中，奥提斯展现了非凡的勇气和能力，打败狼群，成功的守护了农场的动物们。他记住了父亲的话"强人为自己，更强的人为别人"，并真正地理解了这句话的意思。他转变为一个有责任心、有毅力的领导者，承担起了自己应该承担的责任，获得了真正意义上的成长。

**教师总结**：我们可以看到，奥提斯在朋友们的帮助之下，不断认识自己，逐渐成长起来，成长为农场的领导者、守护者。在这个过程当中，他遇到了很多挫折与困惑，曾经质疑过自己的能力，也想过要放弃，但是在朋友的鼓励下，他寻找到内心的勇气，承担起责任，面对问题，不再逃避，最终取得了成功。这说明成长的过程中遇到挫折并不可怕，不能因此而放弃，相反应该从中汲取教训，为成功做出准备。

此外，奥提斯转变之后不仅为自己赢得尊重和荣誉，也为农场赢得了和平和安宁，说明成长的结果是充满魅力的，值得我们为之付出不懈努力。

## 第三阶段——结束与仪式 （8 分钟）

**第 37 分钟**

**活动：分享成长的快乐与烦恼**

引导语：请同学们用 4 分钟的时间一起来回忆一下自己成长过程中的快乐与烦恼，并把他们浓缩成若干短句，“成长中的快乐——”、“成长中的

具体句型见 PPT，同时播放《蝴蝶飞

烦恼——""长大后我要承担的责任——"各3句，并分别罗列在练习册上的空白行上。

写好的同学愿意的话可以举手发言，与大家一起分享你成长的快乐和烦恼。同学们在写的同时一边听（或唱）《蝴蝶飞呀》

**歌词《蝴蝶飞呀》**

词曲：李子恒
编曲：Ricky Ho
演唱：小虎队

海风在我耳边倾诉着老船长的梦想
白云越过那山岗努力在寻找它的家
小雨敲醒梦中的睡荷绽开微笑的脸庞
我把青春做个风筝往天上爬
贝壳爬上沙滩看一看世界有多么大
毛毛虫期待着明天有一双美丽的翅膀
小河躺在森林的怀抱唱着春天写的歌
我把岁月慢慢编织一幅画
梦是蝴蝶的翅膀

呀》。

**注意：**当分享成长的快乐与烦恼时，需要两方面并重，引导同学们正视快乐，接纳烦恼。

年轻是飞翔的天堂

放开风筝的长线把爱画在岁月的脸上

心是成长的力量就像那蝴蝶的翅膀

迎着风声越大歌声越高亢

蝴蝶飞呀就像童年在风里跑

感觉年少的彩虹比海更远比天还要高

蝴蝶飞呀飞向未来的城堡

打开梦想的天窗让那成长更快更美好

贝壳爬上沙滩看一看世界有多么大

毛毛虫期待着明天有一双美丽的翅膀

小河躺在森林的怀抱唱着春天写的歌

我把岁月慢慢编织一幅画

梦是蝴蝶的翅膀

年轻是飞翔的天堂

放开风筝的长线把爱画在岁月的脸上

心是成长的力量就像那蝴蝶的翅膀

迎着风声越大歌声越高亢

蝴蝶飞呀就像童年在风里跑

感觉年少的彩虹比海更远比天还要

| | 高 |
|---|---|
| | 蝴蝶飞呀飞向未来的城堡 |
| | 打开梦想的天窗让那成长更快更美好 |
| | 蝴蝶飞呀就像童年在风里跑 |
| | 感觉年少的彩虹比海更远比天还要高 |
| | 蝴蝶飞呀飞向未来的城堡 |
| | 打开梦想的天窗让那成长更快更美好 |
| （歌声中结束）第45分钟 | 蝴蝶飞呀飞向未来的城堡 |
| | 打开梦想的天窗让那成长更快更美好 |
| | 蝴蝶飞 |
| | 蝴蝶飞 |

# 第 2 课　改变自己，改变世界

## 教学方案

## 一、教学目标

**1.知识掌握**：能够了解与自我概念相关的各种影响因素。

**2.思维拓展**：能够在掌握自我概念的基础上对自我进行反省和理解。

**3.技能提升**：能够对自我进行整合性的评价，并能正确对待他人评价。

## 二、教学注意事项

1.注意掌握视听片段放映和游戏活动的时间分配，控制好课堂节奏。

2.注意引导学生自我评价与他人评价相结合。

3.注意结合学生的理解能力，把握课程深浅程度。

## 三、理念引领

1.对于自我概念的冲突性体验是生命历程中的一个必经阶段，也是自我获得成长的重要契机。

2.他人评价和自我评价同样重要，两者的结合应以客观事实为基础，以整合并接纳自我为目的。

## 四、主要术语

**1.自我概念**：自我意识的组成部分之一。指个人心目中对自己的印象，包括对自己存在的认识，以及对个人身体能力、性格、态度、思想等方面的认识。

**2. 自我接纳：** 指个体对自我及其一切特征能够采取一种积极的态度。包括既能确认和悦纳自己身体、能力和性格等方面的正面价值，不因自身的优点、特长和成绩而骄傲；也能欣然正视和接受自己现实的一切，不因存在某种缺点、失误而自卑。自我接纳是人的心理健康的一项重要标准。

## 五、教学工具

多媒体、黑板、粉笔、

学生读本和笔（学生必备）

课程 PPT 一份

视听类素材

| 编号 | 时长 | 节选电影 | 内容简述 |
|---|---|---|---|
| MⅡ-2-01 | (4′52″) | 片段1《怪物史莱克1》 | 史莱克吓走别人，独自居住在沼泽的原因 |
| MⅡ-2-02 | (2′42″) | 片段2《怪物史莱克1》 | 驴子说他喜欢史莱克，史莱克开始改变 |
| MⅡ-2-03 | (3′01″) | 片段3《怪物史莱克1》 | 史莱克与公主相处的前后变化 |
| MⅡ-2-04 | (3′07″) | 片段4《怪物史莱克1》 | 驴子劝说史莱克的经过以及史莱克的转变 |
| SⅡ-2-01 | (3′16″) | 歌曲 | 《改变自己》 |

## 六、讲课大纲

第一阶段　导入

　　　　　活动和解读

第二阶段　了解自我的矛盾性及自我接纳的途径

　　　　步骤 1　了解自我评价过低、无法接纳自我的表现

　　　　　　　　及成因

　　　　　　　　放片段 1

　　　　　　　　问题与讲解

　　　　步骤 2　了解自我接纳转变过程的挫折和收获

　　　　　　　　放片段 2

　　　　　　　　问题与讲解

　　　　步骤 3　了解自我接纳转变的途径

　　　　　　　　放片段 3

　　　　　　　　问题与讲解

　　　　步骤 4　了解自我接纳的特征

　　　　　　　　放片段 4

　　　　　　　　问题与讲解

第三阶段　结束与仪式

　　　　　　　　一起听（或唱）歌曲《改变自己》

　　　　　　　　布置课后作业："我的自画像"

## 七、背景信息

　　自我概念，是由一系列态度、信念和价值标准所组成的有组织的认知结构，把一个个各种特殊习惯、能力、观念、思想和情感联结在一起，贯穿于心理和行为的一切方面。自我概念是在经验积累的基础上发展起来的。最初它是对个人的和才能的简单抽象认识，随年龄增长而逐渐复杂化，并逐渐形成社会的自我、学术的自我、身体的自我等不同的层次[①]。

　　自我接纳，指个体对自我及其一切特征能够采取一种积极的

态度。包括既能确认和悦纳自己身体、能力和性格等方面的正面价值，不因自身的优点、特长和成绩而骄傲；也能欣然正视和接受自己现实的一切，不因存在某种缺点、失误而自卑。自我接纳是人的心理健康的一项重要标准②。

自我同一性，指个体心理或人格成熟的一种状态和标志，亦即个体对当前自我、身体特点、社会期待、过去经验、现实环境和未来理想等六个层面的统合感，成为一个整体的人格结构。同一性具有个体统合感、连续感和独立感的内涵。弗洛伊德的同一性是关注儿童期外从式的认同，而艾里克森的同一性则关注青年期从外从式认同转化为内聚式的认同。艾里克森认为从 16～17 岁到18～19岁完成这个过程，有的要延迟到大学毕业或更后，也有的终生未能完成。青年出现同一性混乱一般属正常现象，但有的人这段混乱时间延续过长，甚至终生无法解决。也有的在经过这段混乱时期之后达到了自我同一性，并比没有经过这段时期的青年显得更主动、自我概念和性别角色更加确定和积极③。

## 参考文献

① 车文博 主编.当代西方心理学新词典.长春：吉林人民出版社，2001.第472页

② 车文博 主编.当代西方心理学新词典.长春：吉林人民出版社，2001.第367页

③ 车文博 主编.当代西方心理学新词典.长春：吉林人民出版社，2001.第473页

八. 附录：学生活动页

1. 活动："知己知彼"。

　　请每 3 名同学结成一个小组，先用 1 分钟的时间评价自己，再用 2 分钟时间听听另外 2 位同学对自己的评价，将自己的评价和别人的评价记录在纸上。

自我评价：_____

_____

_____

他人评价：_____

_____

_____

2. 课后作业："我的自画像"。

　　完成一幅自画像，可以是写实的，也可以是抽象的，可以是人物，也可以是植物、动物、卡通形象等等，可以对自己重视的部分有所夸张和强调。画好之后看看自己的特征是什么，思考这幅自画像是否能够很好地代表自己，是否能够有什么变化以及如何使之发生变化。

# 教学过程

**开始**
**第 0 分钟**

## 第一阶段——导入（7分钟）

**目标1：** 营造互动和轻松的氛围

**目标2：** 引出主题——自我概念

**1.活动名："知己知彼"**

**2.具体操作：**

**指导语：** 请每3名同学结成一个小组，先用1分钟的时间评价自己，再用2分钟时间听听另外2位同学对自己的评价，并将自己的评价和他人的评价记录在练习手册上。

互评结束后请同学们思考，自我评价和他人评价之间是否一致？如果不一致，具体是哪些地方不同？请同学们自由发言，分享体会。

**引导语：** 通过刚才互相评价的过程，大家可以看到自我评价与他人评价之间往往存在一定的差异，那么什么才是"真正的我"呢？我们今天的课程就与我们对自身的认识有关。现在让我们先来看一部电影《怪物史莱

**注意：** 活动过程中教师需强调相互间的评价应中肯贴切，不得泛泛而谈，更不能使用侮辱性的词汇。

**提示：** 过渡句。

克》当中的几个片段，看看史莱克认
识自我，改变自我的过程。

**提示**：注意每
个步骤的时
间。

## 第二阶段——了解自我的矛盾性及自我接纳的途径（32 分钟）

**目标 1**：了解自我接纳的特征及无法接纳自我的成因

**目标 2**：学习并掌握认识自我、接纳自我的途径

**步骤 1　了解自我评价过低、无法接纳自我的表现及成因（9 分钟）**

**片段 1（4′ 52″）**：史莱克吓走别人，独自居住在沼泽，某天遇到了多话的驴子，在与驴子相处的过程中，史莱克说出了自己之所以要独自居住在沼泽的原因，就是别人光看他的样貌就想要远离他。

放片段 1
问题见 PPT。

**引出的问题**：史莱克为什么要吓走别人？他想这样做吗？

史莱克吓走别人并习惯于独自居住在沼泽地，并非是他自己想要威胁别人或伤害别人，从他与驴子的相处就可以看得出来，他从没有打算吃掉驴子或者伤害驴子，而是一直在排

**提示**：此步骤的提问应注重学生的感悟，可以请几位同学谈谈自己的

斥驴子。他排斥驴子也并非是喜欢独自一人，而是他不相信驴子会愿意和他这样外表丑陋的妖怪做朋友，但是驴子用实际行动说服了史莱克，使得他最终说出了自己的心声，那就是"人们往往在不了解他的时候，只凭他的外表就给他下了结论"。

**总结语**：在现实生活中，我们一定也遇到过类似的情况，在还没有被了解的时候，对方就给我们下了一个定义，有时候我们自己也无形中在对别人下结论。而这些评判并不总是客观和贴切的，就像史莱克的例子，他的外表是丑陋的，并不代表他的内心也是一样。人们对他的评判使得他不敢相信亲密关系，也不愿意接纳这样一个被人讨厌的自己。

理解。

**第 16
分钟**

**步骤 2　了解自我接纳转变过程的挫折和收获（7 分钟）**

**片段 2（2′42″）**：史莱克开始不相信驴子会把自己这个妖怪当朋友，但是驴子说他喜欢史莱克。在两人相处中，史莱克逐渐和驴子亲密起来，并巧妙地帮助驴子渡过难关。

放片段 2
问题见 PPT。

**引出的问题**：史莱克最初为什么排斥驴子？他与驴子相处的过程中，两人的关系发生了什么改变？

史莱克最初并不相信驴子真的愿意把他当朋友，他问驴子"看看我，我是个妖怪，难道人们说'举起火把和叉子'这些话并不让你感到烦恼吗？"。但驴子说他喜欢史莱克，尤其是"我不在乎别人怎么看我"这样的态度。其实史莱克此时很在乎别人怎么看待他，否则他也不会对人们的评价感到困扰。在旅途中，史莱克看到驴子一直没有离开他，他也有所变化，开始相信驴子的真诚，与驴子建立较为亲密的关系。

**总结语**：通过片段同学们可以发现，史莱克虽然是一个相貌丑陋的妖怪，但他内心其实很善良，他对驴子这样的弱者并没有任何暴力举动，反而逐渐和他关系好起来，成为亲密的伙伴。这说明一个人的外表并不能反映他的内心，更宽泛地说，一个人某一方面的表现也并不能代表他的全部。

所以，我们要对一个人做出评

**提示**：此处鼓励学生思考自

判，必须非常慎重，应当尊重事实，不能以偏概全。另一方面，当我们面对别人对自己的评价时，也应当予以审视，看它是否与自己相符，要选择性地接受评价，同时也要全面地认识自己，不因别人的消极评价轻易动摇对自身的认可和接纳。

身的事例。

**第 23 分钟**

---

**步骤 3　了解自我接纳转变的途径（8 分钟）**

**片段 3（3′01″）**：史莱克救了公主，但不肯脱下面具，害怕自己是妖怪的事实让公主失望。相处久了之后，史莱克知道公主并不因为他是妖怪而嫌弃他，他开始发现自己的优点，不再退缩。

**引出的问题**：史莱克最初不肯脱下面具的主要原因是什么？后来他为公主烤草鼠的时候发生了什么转变？

史莱克最初不肯脱下面具，因为他还是介意自己的妖怪身份会让人害怕和讨厌，当公主说救她的人不该是妖怪时，史莱克反问道"你期待是个英俊的王子对吗？"

放片段 3
问题见 PPT。

其实他自己何尝不希望相貌英俊惹人喜爱呢。后来在为公主烤草鼠的时候他已经能发现自己的优点，敢于表现自己的优点，还邀请公主去他的沼泽地，这前后的变化刚好说明史莱克认识自我、接纳自我的过程。

**总结语：**史莱克其实具有很多优点，比如做菜非常好吃、心地很善良、力气大、又很勇敢，但他只记得别人害怕他、讨厌他，因为他是个外表丑陋的妖怪。他对自我的评价完全来自于别人的看法，不仅片面而且也不客观，在这样消极的自我评价中，他找不到接纳自己的理由，也造成了亲密关系的失败。最终他能够发现自身的优点，开始接纳自己，这是与驴子和公主的真心相待分不开的，也是与他认识自我、了解自我的努力分不开的。

**第 31 分钟**

**步骤 4　了解自我接纳的特征（8 分钟）**

**片段 4（3′07″）：**史莱克和驴子的对话中谈到妖怪就像洋葱一样

放片段 4
问题见 PPT。

有好多层，驴子最后发现这就是史莱克把自己层层包裹起来，不肯面对现实的形象比喻。史莱克一直说驴子是愚蠢讨厌的，但驴子并不介意，在他真诚地劝说下，史莱克终于敢于承认自己外在的缺陷，但自我接纳水平却提高了。

**引出的问题：**驴子为什么不介意史莱克对自己的批评，一直对他不离不弃？史莱克最终有了怎样的转变？

史莱克多次说驴子是愚蠢的讨厌的，但驴子很快就抛之脑后，一直把史莱克当朋友，对他不离不弃。驴子不是无法辨别什么是批评什么是赞扬，而是他对批评的敏感程度并不像史莱克那么高，驴子知道自己的优点和缺点各是什么，也并不因为自己有缺点就自暴自弃，对自己的接纳程度很高。但是史莱克刚好相反，他并没有全面客观地了解自己，只记得别人对自己的消极评价。在驴子真诚的劝告下，史莱克心平气和地承认自己是"丑陋的大妖怪"，没有像往日那样回避现实。能够接纳自己客观存在的缺点，同时不自暴自弃，这是史莱克很好的转变。

**教师总结：**我们每个人都是优点和缺点的集合体，并没有十全十美的人，也没有全是缺点的人，想要改正自己的缺点，让自己更惹人喜爱，这是人人都想达成的目标。但是有些缺点的客观存在性是很难改变的，比如外表，当我们改变不了的时候，我们应该正视它的存在，虽然缺点的存在会带来些许遗憾，但这并不掩盖我们的优点。全面而客观地了解自己是自我接纳的基础，只有接纳真实的自我，向着可能的方向不断改变，我们的生活才会充满快乐。

注意：强调人无完人，接纳自我的同时也要强调对于可改变的、客观存在的、给自己及他人带来困扰的缺点还是应该尽力改变。

**第 39
分钟**

## 第三阶段——结束与仪式　（6分钟）

一起听（或唱）歌曲《改变自己》，布置课后作业："我的自画像"。

请同学们课后完成"我的自画像"。可以是写实的，也可以是抽象的，可以是人物，也可以是植物、动物、卡通形象等等，可以对自己重视的部分有所夸张和强调。画好之后看

同时播放歌曲《改变自己》

见学生读本

看自己的特征是什么，思考这幅自画像是否能够很好地代表自己，是否能够有什么变化以及如何使之发生变化。

**歌词《改变自己》**

演唱：王力宏

今早起床了
看镜子里的我
忽然发现我的发型睡得有点 kuso.
一点点改变，有很大的差别
你我的力量也能改变世界
最近比较烦 最近情绪很 down
每天看新闻都会很想大声尖叫
但脏话没用 大家只会嫌凶
我改变自己发现大有不同
新一代的朋友我们好好地加油
大家一起大声地说 NA NA NA NA NA
NA NA NA NA NA
我可以改变世界
改变自己 改变龟毛 改变小气
要一直 努力努力 永不放弃
才可以 改变世界 come on 改变自己
今早起床了 觉得头有点痛
可能是二氧化碳太多 氧气不够
一点点改变
有很大的差别
你我的热情也能改变世界
只能代表自己

没有政治立场

即使这世界让我看得十分紧张

要调整自己

没想到一点就能画龙点睛

新一代的朋友我们好好地加油

大家一起大声地说 NA NA NA NA NA

NA NA NA NA NA

我可以改变世界

改变自己　改变龟毛　改变小气

要一直　努力努力　永不放弃

才可以　改变世界 come on 改变自己

我可以改变世界

改变自己　改变龟毛　改变小气

要一直　努力努力　永不放弃

才可以　改变世界 come on 改变自己

（歌声中结束）第 45 分钟

# 第3课 我的"独立宣言"

## 教学方案

### 一、教学目标

**1.知识掌握**：能够了解自身寻求独立的表现及独立的几个要素。

**2.思维拓展**：能够理解寻求独立的过程中亲子双方冲突产生的原因。

**3.技能提升**：能够合理寻求独立，与父母划分管理责任。

### 二、教学注意事项

1.注意掌握视听片段放映和游戏活动的时间分配，控制好课堂节奏。

2.课堂活动鼓励学生联系自身实际事例分享体会。

3.建议布置课后作业，《我的独立宣言》。

### 三、理念引领

独立不仅意味着自己可以要求权利自由，更意味着自己有能力承担行为的责任。

### 四、主要术语

**1.独 立**：指不依附外力；不受外界束缚。当青少年的"成人感"出现时，便产生一系列独立自主的要求和表现。

**2.家长作风**：就是家长对子女表现出来的独特的行为模式[①]。

## 五、教学工具

多媒体、黑板、粉笔、

学生读本和笔（学生必备）

课程 PPT 一份

视听类素材

| 编号 | 时长 | 节选电影 | 内容简述 |
|---|---|---|---|
| MⅡ-3-01 | (3′17″) | 片段1《成长的烦恼》 | 迈克想自己工作赚钱买辆车，征求父母的同意 |
| MⅡ-3-02 | (4′15″) | 片段2《成长的烦恼》 | 父母为奖励迈克成为明星职工而奖励他一台新车，迈克向父母隐瞒他被解雇 |
| MⅡ-3-03 | (5′22″) | 片段3《成长的烦恼》 | 迈克准备在一个有前科的人开的音像店做销售员，父母表示担心 |
| MⅡ-3-04 | (2′47″) | 片段4《成长的烦恼》 | 迈克决定辞职，与父亲关系更为亲密 |
| SⅡ-3-01 | (4′07″) | 歌曲 | 《酸酸甜甜就是我》 |

## 六、讲课大纲

第一阶段　　导入

活动和解读

第二阶段　　了解寻求独立的过程及独立的主客观条件

步骤1　了解寻求独立的表现及亲子双方对独立的看法

放片段 1

问题与讲解

步骤 2　认识寻求独立的挫折与收获

放片段 2

问题与讲解

步骤 3　理解并掌握独立的主客观条件

放片段 3

问题与讲解

步骤 4　了解独立的表现及亲子关系的转变

放片段 4

问题与讲解

第三阶段　结束与升华

边听边合唱歌曲《酸酸甜甜就是我》

教师做结束语，升华主题

布置课后作业《我的独立宣言》

## 七、背景信息

成人感，指青少年感到自己已经长大成人，渴望参与成人角色，要求独立、得到尊重的体验和态度。当青少年的"成人感"出现时，便产生一系列独立自主的表现：他们一反以往什么都依赖成人、事事都依附教师和家长的心态，不是事无巨细样样请教大人，也不是敞开心扉，什么都可以公开。他们用自己的见解和社会交往。他们要求和成人建立一种朋友式的新型关系，迫切要求老师和家长尊重和理解他们，如果家长和老师还把他们当作"小孩"而加以监护、奖惩，无视他们的兴趣、爱好，他们可能以相应的方式表示抱怨，甚至产生抗拒的心理[②]。

儿童和青少年在发展过程中有两个独立性倾向表现最为明显的时期。（1）儿童三四岁左右为第一次反抗期，此时儿童往往表现出以自我为中心，要求自主加以活动，如受到某种限制就感到自我受到伤害而引起反抗。（2）十一二岁——十四五岁左右为第二反抗期，此时青少年身体发育迅速，第二性征开始出现，青少年在外型上越来越接近于成人。身体的变化也带来了心理的变化。他们产生了成人感，进而产生了强烈的独立意识。为证明自己已长大成人，青少年在很多方面都表现为不愿顺从成人，而成年人对此往往心理准备不足，仍按照对待儿童的方式对待青少年，就会引起青少年的抵触与反抗。第二反抗期的青少年与儿童的直观式的第一反抗期不同，他们能在观念上试图对成人社会进行逻辑上的批判和反抗，故容易成为积极的、攻击性的、英雄主义的反抗。但因这一时期的青少年阅历尚浅，缺乏社会经验，故面临着 E. H. 艾里克森所指出的 "自我同一性危机"，即理想自我与现实自我、自我肯定与自我否定的对立和内部冲突，这也是第二反抗期青少年的重要心理特征。了解人生这两个反抗期有助于正确把握人生不同年龄阶段上所出现的现象和问题，帮助儿童和青少年健康成长[③]。

逆反心理是青少年成长中为求自我独立对父母或师长所表现出来的反抗心态。如你让他向东，他偏向西；你让他做，他偏不做；你不让他做，他偏要做。作为发展心理现象，它具有鲜明的年龄阶段性、半成熟和半幼稚的特征，青少年较为突出。对此既要正视和尊重他们的要求独立发展的一面，又要看到他们处于幼稚无知的一面。消除青少年逆反心理的关键在于教育者的正确对待和教育机制[④]。

# 参考文献

① F. J. 布鲁诺 著. 王振昌 译. 心理学关键术语辞典. 石家庄: 河北教育出版社, 1991. 第 58 页

② 车文博 主编. 当代西方心理学新词典. 长春: 吉林人民出版社, 2001. 第 41 页

③ 车文博 主编. 当代西方心理学新词典. 长春: 吉林人民出版社, 2001. 第 83 页

④ 车文博 主编. 当代西方心理学新词典. 长春: 吉林人民出版社, 2001. 第 224 页

八. 附录：学生活动页

1. 活动："我长大了"。

　　请同学们在下面的空白处列举自己可以独立完成的事情，比如"会自己整理房间"、"会做饭"、"可以自己上下学"、"会洗衣服"等等。强调一定是自己独立能够完成的。写好后请同学们思考一下，在日常生活中，哪些事情是我们自己独立能做好的，哪些事情需要父母的协助？

我可以独立完成：＿＿＿＿＿＿＿＿＿＿＿＿＿

＿＿＿＿＿＿＿＿＿＿＿＿＿＿＿＿＿＿＿＿＿＿

需要父母协助可以完成：＿＿＿＿＿＿＿＿＿＿＿

＿＿＿＿＿＿＿＿＿＿＿＿＿＿＿＿＿＿＿＿＿＿

2. 根据课堂结束阶段的要求，听（或唱）歌曲的同时，请同学们用简洁的语句写下本节课的关键词、感受或所得。请根据本课的所学所感，课后完成《我的独立宣言》。

**《我的独立宣言》**

＿＿＿＿＿＿＿＿＿＿＿＿＿＿＿＿＿＿＿＿＿＿

＿＿＿＿＿＿＿＿＿＿＿＿＿＿＿＿＿＿＿＿＿＿

＿＿＿＿＿＿＿＿＿＿＿＿＿＿＿＿＿＿＿＿＿＿

＿＿＿＿＿＿＿＿＿＿＿＿＿＿＿＿＿＿＿＿＿＿

＿＿＿＿＿＿＿＿＿＿＿＿＿＿＿＿＿＿＿＿＿＿

＿＿＿＿＿＿＿＿＿＿＿＿＿＿＿＿＿＿＿＿＿＿

# 教学过程

**开始**
**第 0**
**分钟**

## 第一阶段——导入（6分钟）

**目标1:** 营造互动和轻松的氛围

**目标 2:** 引出主题——寻求独立

**1. 活动名:** "我长大了"

**2. 具体操作:**

**指导语:** 请同学们用3分钟时间在一张白纸上列举自己可以独立完成的事情,比如"会自己整理房间"、"会做饭"、"可以自己上下学"、"会洗衣服"等等。

写好后请同学们思考一下,在日常生活中,哪些事情是我们自己独立能做好的,哪些事情需要父母的协助? 请几位同学和我们分享一下。

**引导语:** 通过刚才同学们的发言,大家是不是发现自己能够独立完成的事情很多呢? 与此同时,也发现很多事情还是需要父母协助的。确实,我们还不能仅凭自己的力量做好一切事情,很多时候父母

**注意:** 此处可根据学生的理解程度进行引导,避免学生不理解"独立"的含义而无法列举事例或列举不当的事例。鼓励学生畅所欲言。

的协助必不可少。

那么，什么时候应当独立自主，什么时候应当寻求父母的帮助？寻求独立和接受管理之间是否有一个平衡点？哪些表现才是真正的独立呢？让我们先来看一下《成长的烦恼》当中的片段，看看这里的主人公成长的过程中有哪些烦恼，他寻求独立的过程发生了什么故事。

提示：过渡句。

**第 6 分钟**

**第二阶段——了解寻求独立的过程及独立的主客观条件（34分钟）**

提示：注意每个步骤的时间。

目标 1：了解独立的需要及亲子双方对独立的看法

目标 2：理解并掌握独立的主客观条件

步骤 1　了解寻求独立的表现及亲子双方对独立的看法（7分钟）

片段 1（3′17″）：迈克想自

放片段 1
问题见 PPT。

己打工，以便攒钱给自己买一辆车，找了份快餐店的工作，征求父母同意。父母商量了很久，表现出了很多担忧，最终同意迈克去打工。

**引出的问题：**迈克为什么要去打工？当迈克准备去快餐店打工时，他的父母是怎样反应的？为什么会有这样的反应？

迈克打工的主要目的是攒钱给自己买辆汽车，这一次他没有央求父母给他钱，而是自己找好了工作，准备自力更生，这是寻求独立，展现自我独立性的表现。

迈克的父母虽然赞同迈克外出打工，但还是表现出很多担忧。父亲一开始就说"等你攒钱买车，恐怕我们这辈子都看不到你的车了"，就是对迈克打工的决心不太信任，但是看到迈克已经找好了工作，父母双方认真地商量了一番，决定还是给迈克一个机会。

**教师总结：**关于独立，孩子总是信心满满，而父母的种种忧虑也是人之常情。做父母的总希望自己的孩子能过上幸福的生活，担心孩

提示：强调父母希望孩子独立，又担心孩子独立的过程遇到挫折，两方

子在独立的过程中遇到种种挫折，甚至误入歧途，我们应当予以理解，积极与父母沟通，通过合理的方式寻求独立。

现在让我们看看迈克工作中遭遇了什么事情，他有哪些变化。

| 第 13 分钟 | | |

**步骤 2　认识寻求独立的挫折与收获（8 分钟）**

放片段 2。
问题见 PPT。

**片段 2（4′ 15″）**：迈克在工作中表现出色成为明星职工，爸爸买车奖励了他。后来迈克因为掩护一名犯了错误的同事而丢了工作，不敢告诉父母，直到父母发现此事才袒露心声，他是害怕父母失望才不敢说出实情。

**引出的问题**：迈克为什么不敢说出自己被解雇的事实？父亲得知真相后是怎么反应的？

提示：问题应循序渐进，注重学生的感悟。可请几位同学结合自身实际分享感受。

迈克不敢说出自己被解雇的事实一方面是为了保住作为奖品的汽车，但更重要的是害怕让父母失望。父亲很早就得知了真相，虽然表示遗憾，但很赞赏迈克承担责任的勇气。

面并不矛盾，是对立统一的。

**教师总结**：迈克说他不愿意让父亲认为自己是个不可信赖，甚至不可救药的人，他不想辜负父亲的信任。这是迈克在寻求独立的过程中获得的成长。确实，当我们想要独立时，我们确实应该问问自己，是否有能力承担选择的后果，是否能够通过自己的实际行动获得父母的信任，获得真正地独立？

寻求独立的过程不会一帆风顺，就像迈克虽然当了明星职工，但最终被解雇一样。我们的成长之路也许会充满波折，但是我们不应忘记，当遇到困难时，家庭会给我们提供信任和支持，就像影片中的父亲对迈克所做的那样。

---

**第21分钟**

**步骤 3 理解并掌握独立的主客观条件（10 分钟）**

片段 3（5′22″）：迈克找了份新工作，父母询问了很多问题，迈克认为是对自己的不信任。后来迈克拿到薪金为家人买了礼物，感到很自豪，但父亲发现迈克的新工作虽然赚钱，却是欺骗别人而来，

放片段 3
问题见 PPT。

希望他能辞退这份工作，表示他可以自己做出选择。

**引出的问题**：迈克的父母为什么要问他那么多问题？迈克的新工作令他产生了哪些改变？父亲对迈克的改变有什么反应？

迈克找到了新工作，父母希望知道这是他经过认真思考的结果，之所以询问大量关于工作的问题，一方面是父母对他的关心使然，另一方面也是对他择业经历的必要辅助。

青少年初次步入社会，渴望从家庭独立，展现自己的能力，但是由于对社会的了解以及思维还未完全成熟，父母不时予以引导和监督是青少年职业规划以及寻求独立的重要补充和辅助。

**教师总结**：迈克的新工作让他获得了大量薪金，得以买礼物送给家人，这是他能力的表现，也让他体会到了独立的愉悦与自豪，说明独立需要有一定的能力作为基础。同时独立需要有大量知识作为基础，关于自我、关于合作者、关于

提示：问题要层层深入，分别对独立的几个基本条件予以强调。鼓励学生对于独立的主客观条件进行自己的思考。

社会都要更为了解。

当迈克的父亲得知他工作的要点在于蒙蔽顾客，他希望迈克能辞退工作，但却并没有强求，反而让他自己做决定，希望迈克意识到"对自己负责"。说明独立也需要有正确的心态作为基础，而且这种"独立的心态"才是独立的核心特征。

那么迈克是否真正理解了父亲的劝告呢？让我们来看最后一个片段。

**步骤 4　了解独立的表现及亲子关系的转变（9 分钟）**

片段 4（2′ 47″）：迈克认清了新工作的性质，自己做出辞职的决定。他找到爸爸，表示自己还是需要被监督和管理的，父子相互理解，变得更加亲密。

**引出的问题：** 迈克做出辞职的决定经过了哪些心理斗争？通过从不愿辞职到最终自己决定辞职的过程，迈克意识到了什么？

迈克做出辞职的决定是艰难的，这份工作能够给他带来很多薪

**第 31 分钟**

放片段 4
问题见 PPT。

注意：此处不宜过分强调主人公辞

金，使他能为家人买礼物，感到独立的自豪。但是在父亲的劝说和自己不断认清事实的基础上，他发现自己必须做出决定，离开这份对他发展不利的工作。

职的价值观问题，如辞职是因为工作的性质不正确等等。

**教师总结**：在这个过程当中，迈克第一次没有了父亲的直接指导，而是完全靠自己做出决定。父亲告诉他"这是他自己做主的时候"，他开始感到困惑和茫然，表现出真正脱离依靠的空虚感。但是通过努力，他终于找到面对问题的勇气，承担起自己的责任，虽然失去了工作，但却获得了心灵的成长。

迈克意识到自己虽然具有了一定的能力，可以寻求独立，但是自己还有很大的局限性，往往还是需要父母在"遇到大问题时拉他一下"，他对父亲说"如果对我信任太过头，我准会出事"。这是他自我认识的提升，也是对寻求独立和接受管理的平衡点的理解。

相信大家通过这部影片可以了解到寻求独立的几个特征，也开始积极发现独立的前提条件。亲子双方关

| | | |
|---|---|---|
| | 于独立其实并不存在本质上的矛盾，只是各自的立场决定了双方关注点的不同，如果我们积极主动与父母沟通，相信在父母的指导下自己管理我们的生活将不是难事。 | |
| 第 40 分钟 | **第三阶段——结束和升华 （5 分钟）**<br><br>边听边合唱歌曲《酸酸甜甜就是我》。<br>教师做结束语，升华主题。<br>布置课后作业《我的独立宣言》。<br><br>**歌词《酸酸甜甜就是我》**<br>词曲：方解<br>演唱：卓依婷<br><br>耳朵里塞着小喇叭<br>躲在被窝里看漫画<br>虽然我还在象牙塔<br>我多么想一夜长大<br>亲爱的爸爸妈妈<br>别叫我小傻瓜<br>虽然我很听话 | 同时播放歌曲《酸酸甜甜就是我》。<br><br>见学生读本。<br><br>提示：在同学们听（或唱）歌曲的同时，教师用简洁的语言概括课程要点，升华主题。 |

不代表我没有想法

喜欢酸的甜这就是真的我

每一天对于我都非常新鲜

我挑剔的味觉

有最独特的区别

我喜欢酸的甜这就是真的我

青春期的我有一点点自恋

大人们的世界

等待着我去冒险

耳朵里塞着小喇叭

躲在被窝里看漫画

虽然我还在象牙塔

我多么想一夜长大

亲爱的爸爸妈妈

别叫我小傻瓜

虽然我很听话

不代表我没有想法

喜欢酸的甜这就是真的我

每一天对于我都非常新鲜

我挑剔的味觉

有最独特的区别

我喜欢酸的甜这就是真的我

青春期的我有一点点自恋

大人们的世界

等待着我去冒险

| | |
|---|---|
| **（歌声中结束）第45分钟** | 哈…快长大<br>快快长大<br>对这个世界 say high<br>我要我自我最像我的自我<br>人群之中我有最最的独特<br>唱我自己的歌<br>要唱出我的性格<br>我要我自我最爱我的自我<br>笑过哭过我会全部都记得<br>梦想总会有沙漠<br>梦想就是种快乐<br>啦…… |

# 第4课　相亲相爱一家人

## 教学方案

### 一、教学目标

**1. 知识掌握：** 能够了解有效沟通的几个条件和要素。

**2. 思维拓展：** 能够用积极沟通的态度面对和解决亲子关系冲突。

**3. 技能提升：** 能够掌握几种与父母进行有效沟通的方式。

### 二、教学注意事项

1. 注意掌握视听片段放映和游戏活动的时间分配，控制好课堂节奏。

2. 课堂活动鼓励学生对比谈到有效和无效沟通。

3. 必要时邀请家长一起参与。

### 三、理念引领

1. 亲子冲突并不可怕，关键是积极地面对和寻找解决冲突的方法。

2. 在家庭关系的营造中，父母和子女双方均有各自的责任。

### 四、主要术语

**1. 沟通：** 和交往是同义语。（1）两者均属人类社会心理现象，具有人际关系交流的功能。（2）交往指处于一定社会中的个人之间的关系，而沟通则指信息交流，是交往的一个方面①。

**2. 角色颠倒：** 当一个人习惯的角色行为出现问题时，让他扮演一个与自己的角色行为相反的角色,如与家庭成员关系紧张的人,扮演冲突的另一方,从而了解他人的行为方式和情感活动,增进与他人的相互谅解,协调人际关系的方法[③]。

## 五、教学工具

多媒体、黑板、粉笔、

学生读本和笔(学生必备)

课程 PPT 一份

视听类素材

| 编号 | 时长 | 节选电影 | 内容简述 |
|------|------|----------|----------|
| MⅡ-4-01 | (2′58″) | 片段1《四眼天鸡》 | 小鸡的警报让他成为"笑柄",爸爸也不相信他 |
| MⅡ-4-02 | (2′50″) | 片段2《四眼天鸡》 | 小鸡为了取得爸爸的认可,决定加入棒球队 |
| MⅡ-4-03 | (4′15″) | 片段3《四眼天鸡》 | 小鸡再一次发出警报时,爸爸还是不理解他 |
| MⅡ-4-04 | (2′58″) | 片段4《四眼天鸡》 | 小鸡终于向爸爸表达了自己的真实感受和想法 |
| SⅡ-4-01 | (4′27″) | 歌曲 | 《相亲相爱一家人》 |

## 六、讲课大纲

第一阶段　　导入

活动和解读

第二阶段　　了解亲子间有效沟通的特征以及解决冲突的方法

步骤 1　了解亲子冲突的特征和冲突产生的原因

　　放片段 1

　　问题与讲解

步骤 2　了解亲子间无效沟通方式的表现和结果

　　放片段 2

　　问题与讲解

步骤 3　了解何为回避沟通及其后果

　　放片段 3

　　问题与讲解

步骤 4　了解亲子间有效沟通方式的表现和结果

　　放片段 4

　　问题与讲解

第三阶段　结束与升华

　　边听边合唱《相亲相爱一家人》

　　教师做结束语，升华主题

## 七、背景信息

　　家长作风，就是家长对某一子女表现出来的独特的行为模式。家长作风具有不同类型，往往分为两个单独的范围。第一种可以称作权威—放任型。在这一范围的中间，有一种家长作风叫做民主作风，是介于两个极端之间的合乎情理的作风。第二种可以称作接受—拒绝型。接受型的特点是情绪上的距离和"冷漠"。纵观多年来发展心理学的大量研究表明，家长作风的最佳组合方式，即是造就儿童高度自重的方式，是把民主作风和接受作风两者合二为一[②]。

　　角色颠倒，一种心理治疗方法，属于戏剧疗法中的角色扮演技术。通过让病人扮演与他自身习惯担当的角色相反的角色来达到治疗的目的。当一个人习惯的角色行为出现问题时，让他扮演一个与自己的角色行为相反的角色，如畏惧人际交往的人，扮演经常令他畏惧的对象；与家庭成员关系紧张的人，扮演冲突的另一方；过分自卑的人，扮演果断自信的角色。使其由此产生替代性的经历，了解他人的行为方式和情感活动，减轻心理压力，增进与他人的相互谅解，协调人际关系，找到改善自己角色行为的方法[3]。

## 参考文献

① 车文博 主编.当代西方心理学新词典.长春：吉林人民出版社，2001.第 109 页

② F.J.布鲁诺 著.王振昌 译.心理学关键术语辞典.石家庄：河北教育出版社，1991.第 58 页

③ 车文博 主编.当代西方心理学新词典.长春：吉林人民出版社，2001.第 168 页

## 八、附录：学生活动页

### 1. 活动："子曰"。

老师面向全班同学说出指令，当前面加上"子曰"，同学们就做出相应动作，当前面不加"子曰"，同学们不做任何动作，做错的同学自动被淘汰，直到剩下的同学少于全班同学的五分之一。比如，当老师说到"子曰，全班站起来"，全班同学就要站起来，当老师说到"坐下"，坐下的同学自动被淘汰。活动结束后请大家思考，在日常交往中，我们对彼此的理解效果如何，受到哪些因素的限制呢？

_____

_____

_____

_____

2. 根据课堂结束阶段的要求，请同学们听（或唱）歌曲的同时，用简洁的语句写下本节课的感受或收获，字数不限。

_____

_____

_____

_____

# 教学过程

**开始
第 0
分钟**

## 第一阶段——导入（6分钟）

**目标1：** 营造互动和轻松的氛围

**目标2：** 引出主题——理解与沟通

**1.活动名：** "子曰"

**2.具体操作：**

**指导语：** 现在老师要说出一些指令，当指令前面加上"子曰"时，同学们就做出相应动作；当前面不加"子曰"，同学们不做任何动作。比如，当老师说到"子曰，全班站起来"，全班同学就要站起来，当老师说到"全班站起来"， 同学们就要坐下。做错的同学自动被淘汰，不再参加游戏，但可以帮助老师监督其他同学有没有做错。

结束后请大家思考，这个活动给大家什么启发呢？在日常交往中，我们对彼此的理解效果如何，

见学生读本。

**提示：** 特别邀请最后没有被淘汰的同学发言，可以向细心聆听的重要性引导。

受到哪些因素的限制？

**引导语**：在日常生活中，我们和他人之间的理解程度有深有浅，相互之间常常会有误会，这个时候就需要积极地沟通，消除误解，避免冲突。

提示：过渡句。

从我们很小的时候开始，每天和我们交流最多的就是我们的父母，假如和父母有了矛盾，发生冲突，我们该怎么办呢？下面我们通过一个电影《四眼天鸡》的片段来了解一下。在和父母的沟通中，有哪些因素影响最后的效果？又有哪些好的沟通方法可以使用呢？

第 6
分钟

## 第二阶段——了解亲子间有效沟通的特征以及解决冲突的方法（34分钟）

提示：注意每个步骤的时间。

**目标1**：了解亲子间有效沟通和无效沟通的特征

**目标2**：引导学生发掘解决冲突的方法

**步骤1　了解亲子冲突的特

**征和冲突产生的原因（8分钟）**

片段1（2′58″）：小鸡的警报被大家误解为是被橡子砸到了头，爸爸也不相信他的解释，让他"保持低调"。

**引出的问题**：小鸡为什么发出警报？爸爸为什么不相信小鸡，让小鸡保持低调？

小鸡被"天空"的碎片砸到了头，他认为天要塌下来了，所以给大家发出警报。但是爸爸认为是小鸡站在橡树下被偶然掉落的橡子砸到了。

爸爸之所以不相信小鸡，让小鸡保持低调，不是对小鸡本身没有信任感，而是因为小鸡所报告的天塌下来的"事实"和爸爸已经具备的知识（天不会塌）不相符合，同时小鸡对事情的认识也有局限（后来才发现不是天塌了）。

**总结语**：爸爸作为成年人和父亲，必须帮助小鸡树立科学的价值观，但爸爸没有很好地听小鸡的说明和解释，只是用自己的经验希望小鸡保持低调，好让人们尽快忘记

放片段1
问题见PPT。

**提示**：强调亲子双方并没有本质的冲突，一时的不理解只是知识体系、

这件事情；而小鸡则希望爸爸能相信他，却没有找到好的方法说明事情真相。父子俩对事情的认识没有达成一致，是两个人缺乏沟通所导致的。

价值观、立场不同然而又缺乏沟通所导致。

　　我们和我们的父母之间有时也会产生这样那样的误会和冲突，也是由于双方的年龄、身份、知识体系、生活经验、价值观等有所不同而导致的。那我们和父母之间有了矛盾和冲突后，该怎么解决呢？下面来看看小鸡得不到爸爸的支持，他又做了什么？

**第14分钟**

　　**步骤 2　了解亲子间无效沟通方式的表现和结果（8 分钟）**

　　**片段 2（2′ 50″）**：小鸡急于加入爸爸曾经最擅长的棒球运动，来取得爸爸的认可，但爸爸并不认为小鸡有这样的能力。

放片段 2
问题见 PPT。

　　**引出的问题**：小鸡为什么要加入棒球队？爸爸对此作何反应？

　　小鸡想要加入棒球队主要是因为爸爸曾经很擅长棒球运动，他想通过在棒球队得到成功获得爸爸的认可，最终争取到相互理解的机会，但是爸爸不认为身材弱小的小鸡适合打棒球，他建议小鸡做一些更适合他的活动，比如合唱或者集邮。

**总结语**：小鸡采用这样的方式试图取得爸爸的认可，看起来是一种迂回的方式来寻求相互理解的机会，但是为了获得父母的认可而勉强自己，乃至牺牲自己的兴趣，会影响自己的身心发展；另一方面，父母也并不希望孩子为了迎合自己而丧失独立性和自主性。所有即使暂时没有找到适当的沟通方式，我们和父母之间也可以积极面对问题，耐心尝试，关系总会有所改善。

那我们接下来看看小鸡和爸爸之间的关系会怎么发展？

**提示**：强调这种迂回的方式在有的家庭中会比较有效，但这不是积极的解决问题的方式。

**第22分钟**

**步骤3　了解何为回避沟通及其后果（10分钟）**

**片段3（4′15″）**：小鸡没有和爸爸沟通，结果再一次发出警报时，爸爸还是不理解他。

**引出的问题**：小鸡为回避正面

放片段3
问题见PPT。

和爸爸进行沟通，他有什么顾虑？当小鸡再一次发出警报时，爸爸又作何反应？

当小鸡发现不是天塌了，而是外星人宇宙飞船的碎片掉了下来，他没有勇气告诉爸爸真相，害怕爸爸又不相信他。当小鸡不得不为了大家的安危再一次发出警报，大家还是没能发现真相，爸爸虽然犹豫要不要支持他，但是因为无法提出任何证据支持小鸡，所以只能帮小鸡打圆场，说这是个误会。

**注意：**学生可能会认为父亲的行为是对小鸡的伤害，教师要向父亲保护小鸡的方向引导。

**总结语：**首先请同学们注意，我们和父母之间虽然会发生冲突，但是这并不妨碍彼此之间的深厚感情。比如小鸡的爸爸从没有因为觉得小鸡出丑而抛弃他，总是在他身边保护他；其次，亲子关系的改变需要一定的时间和双方的努力，保持信心和耐心，通过积极有效的沟通方式才能达成相互理解的目的。

重点在于，回避问题并不能解决问题，只能使得矛盾加剧，相互之间只会愈加不能理解。那小鸡最终向爸爸真实地坦露自己的感受和心声了吗？我们接着往下看。

**第32 分钟**

**步骤 4 了解亲子间有效沟通方式的表现和结果（8 分钟）**

片段 4（2′58″）：小鸡终于向爸爸表达了自己的真实感受和想法，爸爸也意识到自己对儿子的不信任给孩子造成的困扰，他们变成一对"亲密"的父子。

放片段 4 问题见 PPT。

**引出的问题**：小鸡是怎样和爸爸沟通的？爸爸有什么反应？沟通的效果如何？

小鸡不再逃避问题，向爸爸说明了天塌事件的真相并直接向爸爸表达了自己的感受，诉说自己不被爸爸支持的难过。爸爸听后觉得小鸡说的很对，他感到很惭愧并承认自己还需要努力，表达了自己对小鸡的爱和抱歉。小鸡和爸爸的关系变得更加亲密。

**总结语**：相信大家这堂课可以看出小鸡直面问题、积极建立沟通关系的努力对亲子之间相互理解的重要意义。一方面，亲子之间的冲突完全可以通过有效的沟通方

**注意**：鼓励学生联系自身实际情况

| | |
|---|---|
| | 式进行解决, 而且冲突并不影响亲子关系, 反而有可能促进关系的发展。另一方面, 在化解矛盾、改善关系的过程中父母和孩子都需要作出努力, 比如对彼此感情的信任、不断的努力、坚定的信心和承认错误的勇气等。 | 进行思考和讨论。 |
| 第40分钟 | **第三阶段——结束和升华 (5分钟)**<br><br>边听边合唱《shall we talk》。<br>教师做结束语, 升华主题。<br>学生写下自己的感受和收获。<br><br>**《shall we talk》歌词**<br>曲:陈辉阳<br>词:林夕<br>演唱:陈奕迅<br><br><br>小叮当不爱回家吃饭<br>宁愿在大安公园捉迷藏<br>看明月光　低头不思故乡<br>宁愿看漫画　不听妈妈的评弹<br><br><br>孩子们只会贪玩　父母都只会期望 | 同时播放《shall we talk》<br><br>见学生读本<br><br><br><br>**提示:** 在同学们听 (或唱) 歌曲的同时, 教师用简洁的语言概括课程要点, 升华主题。 |

为什么天南地北 不能互相体谅
蟋蟀对着螳螂 有什么东西好说
shall we talk　shall we talk
好像过去牵着手去上学堂
请你说 我们为何变成陌路人的模
样
请你说 还有什么比沉默更难堪
难道互相隐藏
就能避免了失望
表白有什么可怕
请你别怕为难 不要拐弯

屏幕闪亮 两个人一起看
什么都不谈 只敢打声官腔
情侣的晚餐 白开水一样淡
宁愿面对着一部电脑无事忙

情侣都善于说谎 大人都会向前看
为什么天南地北 不能互相体谅
蟋蟀对着螳螂 有什么东西好说
shall we talk shall we talk
好让我们重新认识别隐瞒

请你说 请你说出心里难以承受的
伤
不能说 除非我们早已忘记了爱的
力量

聊天只能假装
表情需要勉强
何必把这种遗憾
带到未来的天堂


天黑黑  孩子们不在身旁
都跑到外面干活爱吃便当
and shall we talk 只有树叶摇晃
沉默到听得见那如歌的行版
孩儿在公司很忙
不需喝汤
shall we talk
斜阳白赶一趟
沉默令我听得见叶儿声声降

（歌声中结束）第45分钟

# 第5课 感谢有你，老师

## 教学方案

### 一、教学目标

**1. 知识掌握：** 能够了解师生关系的几个重要特征。

**2. 思维拓展：** 能够理解老师作为重要社会他人对自我成长的影响。

**3. 技能提升：** 能够意识到某位老师或老师一样的他人对自己产生了哪些影响。

### 二、教学注意事项

1.注意掌握视听片段放映和游戏活动的时间分配，控制好课堂节奏。

2.请学生结合自身与老师交流的实际情况来谈，强调学生和教师两方面对师生关系的建立都会发挥作用。

3.教师应避免过度站在自身立场对学生进行说教，可以多考虑站在学生的视角进行引导。

### 三、理念引领

1. 教师作用的不可替代性，师生关系的建立需要以良好沟通方式为基础。

2. 教师和学生都不是完人，相互间都需要理解和尊重。

## 四、主要术语

**1. 重要他人:** 是在个体社会化以及心理人格形成过程中具有重要影响的具体人物，可能是一个人的父母、兄弟姐妹，也可能是老师、同学，或不认识的人。可以区分为互动型重要他人和偶像型重要他人。

**2. 社会化发展:** 个体学习其生存的社会的文化、知识、语言、风俗、习惯、价值观念和行为方式，并成为一个合格的社会成员而适应该社会生活的过程①。

## 五、教学工具

多媒体、黑板、粉笔、

学生读本和笔（学生必备）

课程 PPT 一份

视听类素材

| 编号 | 时长 | 节选电影 | 内容简述 |
|---|---|---|---|
| MⅡ-5-01 | (1′15″) | 片段1《花儿怒放》 | 丁老师让学生们进行户外观察，然后再写作文 |
| MⅡ-5-02 | (3′11″) | 片段2《花儿怒放》 | 丁老师点评学生作文并引导学生进行思考 |
| MⅡ-5-03 | (3′57″) | 片段3《花儿怒放》 | 丁老师带领同学们听海的声音 |
| MⅡ-5-04 | (2′45″) | 片段4《花儿怒放》 | 认为自己很笨的学生，丁老师帮助他正视自己的优点 |
| MⅡ-5-05 | (51″) | 片段5《花儿怒放》 | 学生表达对丁老师的感谢 |

| S Ⅱ-5-01 | (3′39″) | 歌曲 | 《感谢有你 老师》 |
|---|---|---|---|

## 六、讲课大纲

第一阶段　　导入

　　　　　　活动和解读

第二阶段　　了解良好师生关系的特征，理解教师对自身成

　　　　　　长的重要影响

　　　　　　步骤1　灵活的教学方式和良好的师生关系

　　　　　　　　　放片段1

　　　　　　　　　问题与讲解

　　　　　　步骤2　了解教师对学生的引导作用

　　　　　　　　　放片段2

　　　　　　　　　问题与讲解

　　　　　　步骤3　了解教师对学生的启发作用

　　　　　　　　　放片段3

　　　　　　　　　问题与讲解

　　　　　　步骤4　了解教师对学生的支持作用

　　　　　　　　　放片段4

　　　　　　　　　问题与讲解

　　　　　　步骤5　教师对学生人格形成的重要影响

　　　　　　　　　放片段5

　　　　　　　　　问题与讲解

第三阶段　　结束和分享

　　　　　　一起听（或唱）《感谢有你 老师》

　　　　　　同时写下自己的感受或收获

## 七、背景信息

教学策略，广义既包括教的策略又包括学的策略，而狭义则专指教的策略，属于教学设计的有机组成部分，即在特定教学情境中为完成教学目标和适应学生认知需要而制定的教学程序计划和采取的教学实施措施。美国教学设计专家 M.梅里尔认为，不同类型的教学策略可以增进不同种类的知识和技能的学习。目前教学策略的划分尚无公认的标准，研究者往往从不同视角进行分类。如 E.D.加涅（1989）将教学策略分为管理策略和指导策略；有的将教学策略分为处理教学策略和行为技术教学策略；有的将教学策略分为方法型、内容型、方式型和任务型等四种；还有将教学策略分为教学准备策略、教学实施策略（如先行组织者策略、概念教学策略、问题解决教学策略）、因材施教策略（如针对年龄差异、能力差异、学生认知方式等的教学策略）和教学监控策略（如主体自控策略、课堂互动策略、教学反馈策略、现场指导策略）等四种[2]。

## 参考文献

① 车文博 主编.当代西方心理学新词典.长春：吉林人民出版社，2001.第 319 页

② 车文博 主编.当代西方心理学新词典.长春：吉林人民出版社，2001.第 157 页

## 八、附录：学生活动页

**1. 每4~6名学生为一组，分小组进行讨论。**

讨论的主题是"读懂我们的老师"，组内每位同学自由发言，小组整体用时不超过3分钟，讨论的具体形式可以参照下面所列的几个问题。根据自己对老师的了解情况，描述我们的老师有何种特征，并尝试通过角色置换的方式理解我们的老师。

本班年纪最轻的教师是谁？　　_____

本班声音最洪亮的教师是谁？　　_____

本班最平易近人的教师是谁？　　_____

本班和学生交流最多的教师是谁？　　_____

如果我是本班的教师，我会怎样教学？

_____

如果我是本班的教师，我会如何与学生沟通？

_____

如果我是本班的教师，我会如何要求学生遵守纪律？

_____

如果我是本班的教师，我会怎样督促学生完成作业？

_____

2. 根据课堂结束与分享阶段的要求，请同学们听（或唱）歌曲的同时，用简洁的语句写下本节课的感受或收获，字数不限。

_____

_____

_____

# 教学过程

| | |
|---|---|
| **开始**<br>**第 0**<br>**分钟** | **第一阶段——导入（6分钟）** |

**目标1:** 营造互动和轻松的氛围

**目标2:** 引出主题——师生关系

1. **活动名:** 读懂我们的老师

2. **具体操作:**

　**指导语:** 在学校生活中，我们每天和老师朝夕相处，那么大家对老师的了解程度怎样呢？请同学们根据自己对本班教学老师的了解情况，描述本班的几位老师具有哪些特征；也尝试站在老师的立场，理解老师的身份、责任和义务，发现老师对我们潜在的影响。

（**注意:** 讨论的形式和参考问题可以根据班级具体情况自行制定。）

　每4～6名学生为一组，分小组进行讨论，讨论的主题是"读懂我们的老师"，组内每位同学自由发言，小组整体用时不超过3分钟，讨论的具体形式可以参照下面所列的几个问题。讨论结果可以自由发表。

（**见学生活动页。**）

　**引导语:** 每位教师都有自己与众不同的特征，但是每位教师希望学生健康成长，获得知识的心情都是一样的。在我们的学习生活中，教师对我们的影响是不可

（**提示:** 过渡句。）

替代的，那么教师对我们究竟会有哪些影响呢？下面我们通过一部影片《花儿怒放》来了解教师和我们的关系。

**第 6 分钟**

## 第二阶段——了解良好师生关系的特征，理解教师对自身成长的重要影响（33 分钟）

**目标 1：**了解良好师生关系的特征

**目标 2：**引导学生理解教师对自身成长的重要影响

**步骤 1　灵活的教学方式和良好的师生关系（5 分钟）**

**片段 1（1′15″）：**丁老师让学生们进行户外观察，然后再写作文，学生们反应很积极。

**引出的问题：**丁老师引导学生观察生活的目的是什么？学生的反应怎样？

通过这个片段，我们可以看到，一方

**提示：**注意每个步骤的时间。

放片段 1 问题见 PPT。

面，教师应针对不同的教学内容，改变教学方式，灵活多样的教学方式更能让学生接受，另一方面，学生对教师改变教学方式的积极反应，说明师生关系本质上可以是很好的，只是需要寻找合适的交流方式而已。

**教师总结**：同学们的发言都很有启发，有几位同学已经认识到教师的教学任务是不可抛弃的原则，能够做到寓教于乐，但不能使课堂全部变成娱乐。尽管如此，学生们的反应还是很积极，对教师也很有好感，说明灵活多变的教学方式能调动学生极大的兴趣，良好的师生关系可以通过多种手段来建立，寓教于乐等灵活的教学方式就是很好的例子。

**第 11 分钟**

**步骤2 了解教师对学生的引导作用（8分钟）**

**片段2（3′11″）**：丁老师户外作文课后点评学生作文并启迪学生进行思考。

**引出的问题**：丁老师对学生所说的话突出了什么主题？对学生说这些的目的是什么？

电影片段中学生观察生活的结果是很好的，学生们都很有收获，踊跃发言，

放片段2 问题见 PPT。

很多学生写出有自己独特视角的作文。这说明学生不是不能学好知识，而是教师和学生的沟通、教师的教学方式、学生对教师的理解对学生获取知识、独立思考、自我成长等过程有所制约，一旦意识到这一点并积极做出改变，师生双方都会有成长的空间，师生关系也会有所发展。

**教师总结：**教师对学生的人生观、价值观时刻起着积极的引导作用。师生关系是学生与他人关系的重要一环，学生自身的成长不仅会受到教师教学理念、教学方式、教学内容的影响，也会受到教师自身素养、思想品质、价值观等影响。

那接下来我们看看丁老师和同学们之间还发生了哪些故事呢？

**步骤 3　了解教师对学生的启发作用（7 分钟）**

片段 3（3′57″）：丁老师带领同学们听海的声音。

**引出的问题：**丁老师强调读文学作品应该读出什么？他是怎样启发同学们的？

丁老师强调读文学作品应该获得对美的感受和对人类美好心灵、美好情感的特

提示：教师可以联系本堂心理活动课对灵活教学方式的作用进行说明。

放片段 3 问题见 PPT。

第 19 分钟

殊感受。他启发同学们描述第一次见到大海的感受，让同学们发挥想象力，从文学作品中寻找海的感觉，最后让同学们闭上眼睛听海的声音，鼓励大家对海抱有梦想。

**提示：**学生回答问题时老师要引导，此时，学生的感悟最重要。

**教师总结：**丁老师对学生们的启发不止于对文学作品中海的赏析，他更注重的是学生们在思想上、情感上的发展和变化。说明教师不仅在知识上对学生做出引导，也会在身心成长方面不断给予启发。正如片段中丁老师说"这是大海的声音，也是你们广阔的未来。"这是鼓励学生对生活抱有梦想。如果我们细心观察，就会发现教师无时无刻不在启发我们，而来自教师的启发又是其他人所无法替代的。

老师除了能够引导和启发我们以外，也能在我们成长的关键问题上给予我们帮助和支持，我们接着看下面的片段。

**第 26 分钟**

**步骤 4　了解教师对学生的支持作用（8 分钟）**

片段 4（2′45″）：认为自己很笨的学生绘画很好，丁老师帮助他正视自己的优点。

放片段 4 问题见 PPT。

**引出的问题：**学生马骏是如何从不快乐变得快乐的？在这个过程中哪些人物

（自己、同学、朋友、老师、父母）发挥了作用？教师的影响是怎样发挥作用的？丁老师在支持、鼓励学生的时候用了哪些方法？

提示：脑力激荡，鼓励学生们畅所欲言。

　　结合片段与同学们的发言，我们可以看到教师对学生的自我发展有着何等重要的影响，教师的支持和鼓励发挥了多么大的作用。

　　**教师总结**：自我的成长离不开各方面的作用，来自教师、家长、自身、同学、朋友的支持和鼓励都将影响自我成长的程度和方向。很多时候，教师的支持和鼓励对学生的改变起着关键性的作用。

　　教师能够发现学生的优点，帮助学生客观看待自己，对学生的意义是非常重大的。在这个例子中，一方面是教师支持鼓励学生的作用，另一方面是自我的潜能和不懈努力的价值，二者缺一不可，紧密联系在一起。

　　下面我们再看看在丁老师和同学们的鼓励支持下马骏发生了怎样的变化？

**步骤 5　教师对学生成长的重要影响**

**第 34 分钟**　（5 分钟）

　　**片段 5**（51″）：在丁老师不断的努

放片段 5

| | | |
|---|---|---|
| | 力下，原先认为自己笨，又不敢说话的学生，终于表达出自己的想法。 | 问题见PPT。 |

**引出的问题**：学生马骏的变化是什么？他将自己的变化归功于谁的影响？

通过学生马骏从认为自己很笨，又不敢说话逐渐转变为可以流畅表达自己想法的例子，我们可以清楚地看到，在学生转变的过程中，教师发挥的主导作用。这时候，我们会说老师是我们成长过程中的"重要他人"。

**教师总结**：教师之所以赢得学生的尊重，最终能够与学生建立起亲密的关系，一方面得益于教师在教学和生活中对学生积极的引导、启发和不断的支持，另一方面得益于学生主动尝试与教师沟通，逐渐能够与教师达成相互间的理解。当师生关系有所发展和深化，教学成果也逐一显示出来，师生双方都将获得成长。

| | | |
|---|---|---|
| 第39分钟 | **第三阶段——结束与仪式　（6分钟）**<br>大家一起听（或唱）《感谢有你　老师》。<br><br>**歌词《感谢有你　老师》** | 同时播放《感谢有你老师》。<br><br>见学生读 |

本。

感谢有你老师  我像迷途羔羊

每当陷入迷惘  你总是在我身旁

指引正确的方向

曾经年少轻狂

曾经意志飞扬

你总是在我身旁  照耀永恒的明光

你带给我  喜悦和平安

无限的恩情满怀温暖

你带给我  改变和成长

飞越宽广的门窗

感谢有你

日子更有意义

感谢有你

生命充满涟漪

在我的人生旅途中

您就像一座灯塔

照耀着我  指引着我  正确的方向

误入歧途  这四个字  才没有出现过

千言万语  都无法表达我的心意

只有衷心的对你  说一声

谢谢你  老师

你带给我  喜悦和平安

无限的恩情满怀温暖

（歌声中结束）

提示: 请同学们听(或唱)歌曲的同时,用简洁的语句写下本节课的感受或收获。

| 第 45 分钟 | 你带给我 改变和成长 |
| --- | --- |
| | 飞越宽广的门窗 |
| | 感谢有你 |
| | 日子更有意义 |
| | 感谢有你 |
| | 生命充满涟漪 |

# 第 6 课　长大后我就成了你

## 教学方案

### 一、教学目标

**1. 知识掌握：**能够了解老师作为引导者的角色特征。

**2. 思维拓展：**能够意识到学生和老师之间可以进行一些平等的交流和沟通。

**3. 技能提升：**能够掌握与老师进行有效沟通的几个技能。

### 二、教学注意事项

1.注意掌握视听片段放映和游戏活动的时间分配，控制好课堂节奏。

2.课堂活动鼓励学生对比谈谈有效和无效沟通。

3.必要时邀请相关老师一起参与。

### 三、理念引领

1. 老师和学生都有自己的想法和愿望，如果缺乏沟通，冲突在所难免，我们应正视问题，双方都应积极寻找化解冲突的方法。

2. 在师生关系的建立和发展过程中，教师和学生有各自的立场和责任，二者均不是完人，应对此有一定的认识。

### 四、主要术语

**1.冲突：**个人或群体内部、个人与个人之间、个人与群体之间、群体与群体之间互不相容的目标、认识或感情，并引起对立或不一致的相互作用的任何一个状态。

2.**合理表达**：当我们有诉求的时候，表达方式会影响到诉求的成功与否，合理的表达也可以成为人际互动的调节剂。合理表达至少表现为：形式上心平气和地说，所要求的内容需要符合情理，同时对方能够帮忙；如果对方不能够满足我们的需要，应该感谢对方，同样表达自己的感激之情。

## 五、教学工具

多媒体、黑板、粉笔、

学生读本和笔（学生必备）

课程 PPT 一份

视听类素材

| 编号 | 时长 | 节选电影 | 内容简述 |
|---|---|---|---|
| MⅡ-6-01 | (5'51") | 片段 1《功夫熊猫》 | 熊猫的师傅一直不相信他能承担神龙大侠的责任，想赶他走 |
| MⅡ-6-02 | (1'50") | 片段 2《功夫熊猫》 | 熊猫练功受挫，感到灰心丧气，龟仙人耐心地开导他 |
| MⅡ-6-03 | (3'27") | 片段 3《功夫熊猫》 | 熊猫面对师傅终于说出自己的想法和愿望 |
| MⅡ-6-04 | (4'25") | 片段 4《功夫熊猫》 | 师傅选用了适当的方法来教导他，最终熊猫取得了很大进步 |
| SⅡ-6-01 | (3'39") | 歌曲 | 《长大后我就成了你》 |

## 六、讲课大纲

第一阶段　　导入

　　　　　　活动和解读

第二阶段　　了解师生间有效沟通的特征以及解决冲突的方法

　　　　　　步骤 1　了解师生冲突的特征和冲突产生的原因

　　　　　　　　放片段 1

　　　　　　　　问题与讲解

　　　　　　步骤 2　师生间平等交流的特征和基础

　　　　　　　　放片段 2

　　　　　　　　问题与讲解

　　　　　　步骤 3　如何面对冲突以及解决冲突的方法

　　　　　　　　放片段 3

　　　　　　　　问题与讲解

　　　　　　步骤 4　了解师生间有效沟通方式的表现和结果

　　　　　　　　放片段 4

　　　　　　　　问题与讲解

第三阶段　　结束和升华

　　　　　　　　边听边合唱《长大后我就成了你》

　　　　　　　　活动与解读

　　　　　　　　教师做结束语，升华主题

## 七、背景信息

　　教师心理，是教育心理学的一个重要研究领域。研究教师在教育和教学过程中的心理特点及其对教育效果的影响。主要研究：（1）教师的心理角色、心理素质。教师承担的角色多种多样，如人类文化的传承者，学生心理的保健医生等，每种角色都有其特定的心理与行为表现。（2）教师的能力特征及其对学生学习的影响。如出色的口头和书面语言表达能力，敏锐的观察能力，良好的组织能力，迅速而准确的判断能力，善于评估教育效果的能力等。(3)教师的人格特征的形成及其对教育效果的作用。如教师的事业心和责任感，良好的情感和意志品质。(4)教师的教育态度的培养及其作用。(5)教师对学生偏见的克服以及教师心理健康的维持和促进等[1]。

人际沟通亦称"人际交往"。沟通形式之一，指人们在共同活动中运用语言和非语言信号，彼此交流思想、感情和知识等信息的过程。主要是通过语言、表情、手势、体态及社会距离来实现的。其特点在于沟通过程的每一个参加者都是积极的主体。沟通的目的在于互相影响以改变其行为。它对社会的发展和个体的形成有重要作用：(1)整合作用，能使人们结合起来，组成一个不同于个体的整体。(2)调节作用，能使群体内部之间和群体之间在认知、情感和行为上彼此协调，相互统一。(3)保健作用，交往是人类特有的需求，人只有在不断与他人交往中才能促进个性发展，有利于心理健康[2]。

## 参考文献

[1] 车文博 主编.当代西方心理学新词典.长春：吉林人民出版社，2001.第157页

[2] 车文博 主编.当代西方心理学新词典.长春：吉林人民出版社，2001.第294页

## 八、附录：学生活动页

### 1.活动："词语接力"。

　　老师手中有几张小纸条，每张纸条上面写着一个词语，只有每一组第一位同学可以看纸条上面写了什么，但不能告诉后面的同学。第一位同学用肢体动作表演给第二位同学，尽可能让第二位同学猜到纸条上写的词语是什么，然后第二位同学也用肢体动作向后面的同学表演，以此类推，由最后一位同学向大家报出自己这一组表演的词汇究竟是什么。活动结束后大家可以分享自己的感受和体会，思考在沟通中，我们可以用哪些方法？用什么方法取得的效果最好？

_____

_____

_____

### 2.小游戏："我给老师讲悄悄话"。

　　每位同学跟你最想说话的老师说一句悄悄话，这位老师可以是你喜欢的老师，也可以是你不喜欢的老师，写好后叠起来，在纸条上注明"给某某老师"，如果你想给多个老师说悄悄话，就写多张纸条。在纸条上可以写自己的名字，也可以不写。下课后，把这些悄悄话发给相应的老师。

_____

_____

_____

_____

# 教学过程

<table>
<tr>
<td>

**开始**

**第 0 分钟**

</td>
<td>

**第一阶段——导入（7分钟）**

　　**目标1：**营造互动和轻松的氛围

　　**目标2：**引出主题——冲突与沟通

　　**1.活动名：**"词语接力"

　　**2.具体操作：**

　　**指导语：**现在我手中有几张小纸条，每张纸条上面写着一个词语，请每一组第一位同学看一下，然后用肢体动作表演给第二位同学，尽可能让第二位同学猜到纸条上写的词语是什么，然后第二位同学也用肢体语言向后面的同学表演，以此类推，由最后一位同学向大家报出自己这一组表演的词汇究竟是什么。

　　同学们只能用肢体动作，不能用任何词语提示。老师将对整个过程计时，最后揭晓答案，哪一组答案正确，且用时最短，将会给予奖励。

　　活动结束，请大家思考如何才能让信息的传递更加快速而有效？引出活动的意义在于强调双向沟通的

</td>
<td>

**提示：**纸条上的词语可以是和师生关系有关的，比如"布置作业"，"考试"等，联系实际以促进学生更好地理解本课程主题。

见学生读本。

**提示：**每组请1名代表发言。

</td>
</tr>
</table>

重要性，请大家思考何为恰当的沟通方式，有想法的同学可以分享一下自己的感受和体会。

**引导语**：在学校中，除了同学之外，和我们交流最多的就是老师，假如和老师有了矛盾，发生冲突，我们该怎么办？在和老师的沟通中，我们可以使用哪些方法呢？下面我们通过一部电影《功夫熊猫》，了解师生间有效沟通的特征以及解决冲突的有效方式。

**提示**：过渡句。

**第 7 分钟**

**第二阶段——了解师生间有效沟通的特征以及解决冲突的方法（32 分钟）**

**目标1**：了解师生间有效沟通的特征

**目标2**：引导学生发掘解决冲突的方法

**步骤1　了解师生冲突的特征和冲突产生的原因（10 分钟）**

片段1（5′51″）：负责训练熊猫的师傅一直不相信他能承担神龙

**提示**：注意每个步骤的时间。

放片段1
问题见 PPT。

大侠的责任，想赶他走，于是讽刺他，挖苦他，然后一脚踢它下山。

**引出的问题：**负责训练熊猫的师傅为什么想赶走熊猫？师傅说出自己的想法了吗？熊猫是怎样反应的？

师傅迫切希望有人能承担起神龙大侠的责任，但却一直无法相信熊猫能够承担起这一责任，所以想赶他走，但是却没有把自己的想法和熊猫交流，熊猫也不理解师傅为什么不愿意训练他。

**教师总结：**通过这一片段，同学们已经初步了解了师生之间冲突的表现模式，那么师生冲突产生的原因是什么呢？

师傅和熊猫最终的目标是一致的，都想要培养出一位神龙大侠，只是他们各自有各自的想法，由于都没有说出来，只能任由错误的方式阻碍关系的发展，原本应达到的训练效果也没有达到。说明教学成果需要有良好师生关系作为基础，而良好师生关系的建立需要依靠恰当的沟通方式。

到底怎样才算恰当的沟通方   **提示：**过渡句。

式？我们来看下一个片段。

**第 17 分钟**

**步骤 2　师生间平等交流的特征和基础（6 分钟）**

片段 2（1′50″）：熊猫练功受挫，在师傅和师兄弟那里得不到支持和理解，感到灰心丧气，龟仙人耐心的开导他，熊猫若有所思。

放片段 2 问题见 PPT。

**引出的问题**：龟仙人对熊猫说了什么？他为什么能让熊猫打开心扉，说出心里话呢？

龟仙人作为功夫大师，是非常值得尊敬的，他没有以地位高、能力大为由在熊猫面前表现出极端的权威性，相反却是很平等、很有耐心。善于倾听、适当的询问、平和的态度、理性和感性相结合，这都是良好沟通关系中教师所应具有的素质。

**教师总结**：我们在龟仙人和熊猫的例子中可以看到，平等交流的基础，比如教师不要站在过高的位置，拒绝和学生交流，而学生也不应认为自己没有和教师谈心的资格，不敢和教师吐露心声。也可以看到沟通是需要双方共同做出努力，冲突才能从根本上得以化解。

**提示**：强调师生双方在建立良好关系和达到有效沟通方面都发挥关键作用。

接下来我们看熊猫经过龟仙人的开导以后，是如何面对并解决与师傅之间的冲突的？

提示：过渡句。

---

**第 23 分钟**

**步骤 3　如何面对冲突以及解决冲突的方法（8 分钟）**

　　片段 3（3′27″）：熊猫面对师傅终于说出自己的想法和愿望，两人之间虽然还有矛盾，但是已经看到了改变的希望。

放片段 3
问题见 PPT。

　　**引出的问题**：师傅想要熊猫做什么？熊猫的愿望是什么？师傅和熊猫之间之所以有冲突的原因是什么？熊猫和师傅最终都说出了自己的想法，他们之间的关系发生什么变化了吗？

　　师傅想要熊猫成为神龙大侠，但却一直对熊猫缺乏信心，熊猫想要自己改变，却苦于找不到有效的途径。师傅和熊猫的目标是一致的，却因为在具体问题上缺乏沟通而发生冲突。在这里，冲突产生的原因，即沟通方式不当或拒绝沟通。熊猫知道师傅并不相信他能成为神龙大侠，连他自己都不相信自己可以做到，所以他逃跑。当他们都说出自己的想法之后，

**注意**：问题应逐渐深入。鼓励学生联系实际分享自身感受。

他们都开始思考如何寻求方法来改变这一现状。

**教师总结**：逃跑并不能解决问题，回避问题只是暂时的，我们终究还是要面对它。当冲突激化的时候，我们应当保持冷静，积极寻找适当的方法来解决它。

师生之间发生冲突不可怕，只要敢于迈出第一步，尝试用适当的方式进行沟通，总会有所改变。与此同时，冲突还可能是双方成长的机遇。师生关系的改变需要一定的时间，开始总会显得漫长而艰难，我们要有信心和耐心，不断努力，通过积极有效的沟通方式来达到交流感受和想法的目的，最终改变师生关系。

**第 31 分钟**

**步骤 4　了解师生间有效沟通方式的表现和结果（8 分钟）**

片段 4（4′ 25″）：师傅发现了熊猫的功夫才能，选用了适当的方法来教导他，最终熊猫取得了很大进步，两人的关系也有所改变。

放片段 4
问题见 PPT。

**引出的问题**：关于熊猫全身心投入学功夫却没有进展师傅领悟到了什么？熊猫最终取得成功有哪些因

素起到了作用？

师傅发现熊猫学功夫没有成效可能是自己教学方法不当，当他勇于承认这一点并做出改变的时候，师生关系发生了根本性的转变，而且，教学成果也突出表现了出来。

**教师总结：**师傅和熊猫的故事展现了教师因材施教的重要性，客观认识学生，看到学生的优势和劣势，发现学生成长的空间，真正地尝试理解学生自身的需求，这是使师生关系发生改变，教师方面应具备的素质。同时我们也要认识到，师生关系的好坏取决于教师和学生两个方面，为了达成双方的相互理解，学生自然也需要付出相应的努力。学生要敢于主动跟老师交流，主动坦诚地向老师表达自己的需求和愿望，寻求理解和支持。

当师生关系在有效沟通方式的影响下而发生转变，向好的方向发展时，教学成果也将有所显现。

**提示：**指出教师在关系改变中的重要性的同时，要重点引导学生看到自身可以做什么，应该如何做。

**第三阶段——结束和升华 （6分钟）**

**第 39 分钟**

活动："我给老师讲悄悄话"
具体操作：

指导语：每位同学把你最想跟老师说的话写下来，这位老师可以是你喜欢的老师，也可以是你不喜欢的老师，写好后叠起来，在纸条上注明"给某某老师"，如果你想跟多个老师说悄悄话，就写多张纸条。在纸条上可以写自己的名字，也可以不写。下课后，我们把这些悄悄话发给相应的老师。

请大家不要有顾虑，畅所欲言，老师会保护大家的隐私。边做活动边听歌曲《长大后我就成了你》。

**歌词《长大后我就成了你》**

小时候，我以为你很美丽
领着一群小鸟飞来飞去
小时候，我以为你很神奇
说上一句话也惊天动地
长大后我就成了你
才知道那间教室
放飞的是希望守巢的总是你
长大后我就成了你
才知道那块黑板
写下的是真理擦去的是功利

同时播放《长大后我就成了你》。

见学生读本。

提示：在同学们听（或唱）歌曲的同时，教师用简洁的语言概括课程要点，并对学生们有益的思考予以强调，升华主题。

（歌声中结束）第45分钟

小时候，我以为你很神秘

让所有的难题成了乐趣

小时候，我以为你很有力

你总喜欢把我们高高举起

长大后我就成了你

才知道那支粉笔

画出的是彩虹撒下的是泪滴

长大后我就成了你

才知道那个讲台举起的是别人

奉献的是自己

长大后我就成了你

我就成了你

长大后我就成了你

我就成了你

我就成了你

# 第7课　朋友一生一起走

## 教学方案

### 一、教学目标

**1. 知识掌握：** 能够了解维系友谊的原则。

**2. 思维拓展：** 能够在与朋友相处中，形成关心、互助、宽容、信任等态度。

**3. 技能提升：** 能够正确处理好朋友关系，掌握维系并提升友谊的具体方法。

### 二、教学注意事项

1. 注意掌握视听片段放映和游戏活动的时间分配，控制好课堂节奏。

2. 引导学生紧扣主题，充分回忆并分享自身的体验。

3. 教师的解释要准确，以免学生对于友谊的原则的把握和运用产生偏差。

### 三、理念引领

1. 友谊是每个人生活中不可缺少的组成部分，从初中开始朋友关系变得越来越重要。

2. 在交友过程中，慎重地选择和考察必不可少。

3. 与朋友相处的过程有积极的部分也有消极的部分，应予以正视，寻找平衡点。

## 四、主要术语

**友谊：** 人们在交往活动中产生的一种特殊情感，它是一种来自双向（或交互）关系的情感，即双方共同凝结的情感。友谊以亲密为核心成分，亲密性也就成为衡量友谊程度的一个重要指标。

## 五、教学工具

多媒体、黑板、粉笔、彩笔

学生读本和笔（学生必备）

课程 PPT 一份

视听类素材

| 编号 | 时长 | 节选电影 | 内容简述 |
| --- | --- | --- | --- |
| MⅡ-7-01 | (2′46″) | 片段1《马达加斯加1》 | 斑马"马蒂"独自离开动物园，他的动物朋友们很担心，决定一起去寻找他。 |
| MⅡ-7-02 | (1′47″) | 片段2《马达加斯加1》 | 马蒂有困难了，他的朋友们相互配合，与伏狼做斗争，取得了胜利。 |
| MⅡ-7-03 | (5′01″) | 片段3《马达加斯加1》 | 马蒂和亚历克斯争吵后重新相互接纳与宽容 |
| MⅡ-7-04 | (7′14″) | 片段4《马达加斯加1》 | 亚历克斯因过度饥饿而兽性大发，为了不伤害朋友独自隐居，马蒂信任他，鼓励他振作 |
| SⅡ-7-01 | (4′) | 歌曲 | 《朋友》 |

## 六、讲课大纲

第一阶段　　导入

　　　　　　活动和解读

第二阶段　　了解并掌握维系友谊的重要原则

　　　　　　步骤1　友谊原则——真诚与关怀

　　　　　　　　放片段1

　　　　　　　　问题与讲解

　　　　　　步骤2　友谊原则——合作与互助

　　　　　　　　放片段2

　　　　　　　　问题与讲解

　　　　　　步骤3　友谊原则——接纳与宽容

　　　　　　　　放片段3

　　　　　　　　问题与讲解

　　　　　　步骤4　友谊原则——信任与鼓励

　　　　　　　　放片段4

　　　　　　　　问题与讲解

第三阶段　　结束与升华

　　　　　　合唱歌曲《朋友》

　　　　　　教师总结并升华主题，学生写下收获与感受

## 七、背景信息

　　友谊是两个个体之间相互作用的双向关系，而非简单的喜欢或依恋；友谊是一种较为持久稳定的关系；友谊是以信任为基础，以亲密性支持为情感特征的关系[①]。友谊可以为个体提供社会支持，满足个体独特的心理需要。

　　进入青春期以后，初中生逐渐摆脱了父母的束缚，也摆脱了儿童时期团伙式的交往方式,朋友关系在他们的生活中显得日益重要,是初中生健康成长中不可缺少的精神营养。陈梅曾以我国小学生、初中生和大学生为被试,进行了一项调查,其中有一个问题是:"你平时将自己内心想的事经常对谁讲?"并要求被试将所列对象按其重要程度排出顺序。小学生对此的反应是:父母、兄弟姐妹、朋友;而初中生对此的反应是:朋友、兄弟姐妹、父母。由此可见,朋友在初中生心目中显得日益重要[2]。

初中生要好的朋友一般是一至两个,他们选择朋友的标准主要包括:(1)有共同的志趣和追求,(2)有共同的苦闷和烦恼,(3)性格相近,(4)在许多方面能相互理解、相互包容等等[3]。初中阶段的朋友关系有其特别之处,他们对朋友的质量产生了特殊的要求,强调朋友之间交往要真诚、坦率、通情达理、关心别人、帮助别人、为他人保守秘密、不伤害他人、要包容理解他人、对朋友要不离不弃,相互之间能够同甘苦、共患难,能够从对方得到支持和帮助。

## 参考文献

① 张文新主编.儿童社会性发展.北京:北京师范大学出版社,1999.第157页

② 陈梅.儿童与青少年的交友需要及团组特征.心理科学,1991

③ 林崇德主编.发展心理学.北京:人民教育出版社,2006.第374页

## 八、附录：学生活动页

### 1. 活动：我的友谊之花。

　　　　维系友谊的原则，就像是友谊之花上的花瓣，它们决定了你的友谊之花绽放得灿烂与否。请大家画出自己的友谊之花，把你认为重要的花瓣都画上，并在你觉得自己表现得较好的那些花瓣上涂上彩色。画完之后可以自由展示自己的友谊之花，思考自己觉得重要的维系友谊的原则有哪些，自己在哪些方面做得较好以及自己在哪些方面还需要努力。

2. 根据课堂第三阶段的要求，听（或唱）的同时，请同学们用简洁的语句写下本节课的关键词、感受或所得。

_____

_____

_____

# 教学过程

| | |
|---|---|
| **开始**<br>**第 0**<br>**分钟** | **第一阶段——导入（7分钟）**<br>**目标1:** 营造互动和轻松的氛围<br>**目标2:** 引出主题——维系友谊<br>**1.活动名:** 我的友谊之花<br>**2.具体操作:** |

**指导语:** 维系友谊的原则，就像是友谊之花上的花瓣，它们决定了你的友谊之花绽放得灿烂与否。首先请大家画出自己的友谊之花，把你认为重要的花瓣都画上，并在你觉得自己表现得较好的那些花瓣上涂上彩色。

**注意:** 学生在画的过程中，老师可以适当解释维系友谊的原则并举例说明，以防学生因不明白概念而画不出，或画错了。

画完之后可以自由展示自己的友谊之花，思考自己觉得重要的维系友谊的原则有哪些，自己在哪些方面做得较好以及自己在哪些方面还需要努力。

**引导语:** 大家都画出了自己的"友谊之花"，也思考了维系友谊的原则，那么维系友谊的原则究竟有哪些呢？让我们先来看看电影《马达加斯加1》的几个片段。

**提示:** 过渡句。

| 第 7 分钟 | 第二阶段——了解并掌握维系友谊的重要原则（33 分钟） | 提示：注意每个步骤的时间。 |

**第二阶段——了解并掌握维系友谊的重要原则（33 分钟）**

**目标1**：了解维系友谊的重要原则

**目标2**：引导学生理解维系友谊的原则并尝试运用

**步骤1　友谊原则——真诚与关怀（7 分钟）**

**片段1（2′46″）**：马蒂渴望到大自然中去生活，晚上独自离开动物园，他的朋友们发现后焦急万分，特别担心他的安全，决定一起去寻找他。

**引出的问题**：马蒂的朋友得知他失踪后是什么反应？为什么会有这样的反应？

从影片中我们可以看到马蒂的朋友们得知他失踪后，每个人的反应让人啼笑皆非，他们焦急得不知所措，担心马蒂会迷路、饥寒交迫，最后决定一起去寻找他。他们的种种反应正是出于对马蒂的关心。

那么，在我们的生活中，当类似的事情发生在我们的朋友身上，你是否也会焦急万分，你是怎样关心、帮助你的朋友的？请几位同学分享自

放片段1
问题见 PPT。

己关心、帮助朋友的故事。

---

**第14分钟**

**步骤 2　友谊原则——合作与互助（6 分钟）**

　　**片段 2（1′ 47″）**：马蒂遇到了一群伏狼的袭击，他的朋友们相互合作，击败伏狼，取得了胜利。

放片段 2
问题见 PPT。

　　**引出的问题**：马蒂遇到困难时，他的朋友们是怎么做的？他们最终取得胜利有哪些因素发挥了作用？

　　一个拥有朋友的人才不会感到孤单，他能从朋友那里获得温暖、支持与力量。就像马蒂，当他受到一群伏狼的袭击时，他并不是孤立无援的，关键时刻，他的朋友们联合起来，聪明而巧妙地相互合作，击败敌人取得胜利。

　　**教师总结**：毛主席曾说过："一个篱笆三个桩，一个好汉三个帮"。一个人的力量是有限的，当朋友们一条心，发挥各自的优势，朝着一个共同的目标勇往直前，一切困难都将变得渺小。同学们，在生活中，当你遇到了困难，朋友之间是怎样相互帮助的？你是否有这样的记忆：大家一起

可以请同学们自由发言。

合作，共同完成一件仅凭个人力量无法完成的任务？

| | |
|---|---|
| **第20<br>分钟** | **步骤3　友谊原则——接纳与宽容（8分钟）**<br><br>　　**片段3（5′01″）：**马蒂和亚历克斯在海滩发生争吵并在彼此之间划了一条界线，两人各占一边。亚历克斯寻求救援的尝试失败后，马蒂邀请他到自己营造的快乐领地中，两个好朋友相互谅解，重新接纳与宽容对方。<br><br>　　**引出的问题：**亚历克斯求援的努力失败后，马蒂做了什么？亚历克斯是如何反应的？<br><br>　　当亚历克斯求援的努力失败后，马蒂不顾亚历克斯曾经排斥他的行为，真诚地邀请亚历克斯到自己营造的快乐领地来，重新和大家相聚在一起。亚历克斯经过反省也勇于承认自己的错误，在朋友关系中重新找到自己的位置。<br><br>　　**教师总结：**通过这个片段我们可以看到，朋友之间出现误解和摩擦在所难免，这并不意味着关系的结束， | 放片段3<br>问题见PPT。 |

还可能是双方关系深化的开始。我们每个人都有自己的立场和愿望，当彼此有了矛盾无法化解，应用一颗包容的心去理解、宽容对方，特别是在朋友遭受挫折的时候，无条件的接纳，是送给朋友最好的礼物。

在影片中，马蒂给我们树立了很好的榜样。此外，亚历克斯勇于承认错误也值得我们学习。在这个片段中，我们可以看到，马蒂和亚历克斯双方的努力对两人关系的改善是缺一不可的。

接下来让我们看看在这群朋友中间，又发生了怎样的故事。

**第28分钟**

**步骤 4 友谊原则——信任与鼓励（12分钟）**

**片段 4（7′14″）**：亚历克斯因为过度饥饿而兽性大发，为了不伤害朋友而独自隐居，马蒂信任他，鼓励他振作，不顾一切去安慰亚历克斯、对他不离不弃，亚历克斯重新控制住自己，几个好朋友又重聚了。

放片段 4
问题见 PPT。

**引出的问题**：马蒂为何不顾危险去劝说、鼓励亚历克斯？亚历克斯有什么反应？

　　亚历克斯过度饥饿，看到几个朋友就像看到牛排一样，朋友们都害怕被他吃掉，而马蒂不顾危险坚持去寻找亚历克斯，劝说他振作，使得亚历克斯鼓起勇气，控制住了自己的野性。

　　**教师总结：** 在这个片段中，马蒂知道亚历克斯非常饥饿，却一点儿也不怕他会吃掉自己，不断地鼓励亚历克斯振作，展现了他对朋友充分的信任与支持。亚历克斯最终能够控制住自己的野性，一方面是自己顽强的毅力在起作用，另一方面也是和马蒂的鼓励分不开的。说明友谊对我们的生活有着非常重要的意义，它是不可或缺的精神财富。相互信任与鼓励也是维系友谊的重要原则。

**注意：** 在这一片段中，应淡化自然界"弱肉强食"现象的解读，重点强调两人的友谊。

**第 40 分钟**

## 第三阶段——结束与升华　（5 分钟）

师生合唱歌曲《朋友》。

教师总结并升华主题，请学生写下收获与感受。

同时播放《朋友》。

**歌词《朋友》**

作词：刘思铭

作曲：刘志宏

演唱者：周华健


这些年一个人

风也过雨也走

有过泪 有过错

还记得坚持什么

真爱过 才会懂

会寂寞 会回首

终有你 终有梦 在心中

朋友不曾孤单过

一声朋友你会懂

还有伤 还有痛

还要走 还有我

这些年一个人

风也过 雨也走

有过泪 有过错

还记得坚持什么

真爱过 才会懂

会寂寞 会回首

终有梦 终有你 在心中

朋友一生一起走

那些日子不再有

**提示：**听（或唱）的同时，请同学们用简洁的语句写下本节课的关键词、感受或所得。

| | |
|---|---|
| | 一句话　一辈子 |
| | 一生情　一杯酒 |
| | 朋友不曾孤单过 |
| | 一声朋友你会懂 |
| | 还有伤　还有痛 |
| | 还要走　还有我 |
| | 朋友一生一起走 |
| | 那些日子不再有 |
| （歌声中结束）第45分钟 | 一句话　一辈子 |
| | 一生情　一杯酒 |
| | 朋友不曾孤单过 |
| | 一声朋友你会懂 |
| | 还有伤　还有痛 |
| | 还要走　还有我 |

# 第8课  朋友的心 你要听听

## 教学方案

### 一、教学目标

**1. 知识掌握：**能够了解亲密友谊关系的特征。

**2. 思维拓展：**能够在实际学习和生活中，养成积极面对、处理人际冲突的态度。

**3. 技能提升：**能够掌握及解决同伴冲突的技巧与策略，提升人际关系处理能力。

### 二、教学注意事项

1. 注意掌握视听片段放映和游戏活动的时间分配，控制好课堂节奏。

2. 教师要充分调动学生兴趣、积极引导，给学生留出足够的思考时间。

3. 教师讲解中要结合实例，避免纸上谈兵。

### 三、理念引领

1. 朋友间的和谐与冲突时刻处于一种动态变化的过程中。

2. 客观审视人际关系现状，了解朋友间和谐与冲突的原因。

3. 当朋友发生冲突的时候，要勇于面对，积极解决。

### 四、主要术语

**人际冲突：**是指两个或更多社会成员间，由于反应或希望的互不相容性，而产生的紧张状态，一般是个人与个人之间的冲突。

个人之间的冲突之所以发生，主要是由于生活背景、教育、年龄和文化等的差异，而导致对价值观、知识及沟通等方面的影响，因而增加了彼此相互合作的难度。

## 五、教学工具

多媒体、黑板、粉笔、

学生读本和笔（学生必备）

课程 PPT 一份

视听类素材

| 编号 | 时长 | 节选电影 | 内容简述 |
| --- | --- | --- | --- |
| MⅡ-8-01 | (4′48″) | 片段1《青果校园》 | 青果无意中叫了郑爽爽的外号，两人产生冲突 |
| MⅡ-8-02 | (2′50″) | 片段2《青果校园》 | 青果和郑爽爽因为"情书事件"而加深误会 |
| MⅡ-8-03 | (4′43″) | 片段3《青果校园》 | 青果和郑爽爽关系发生转折 |
| MⅡ-8-04 | (3′22″) | 片段4《青果校园》 | 青果和郑爽爽互相帮助取得好成绩，尽释前嫌 |
| SⅡ-8-01 | (5′) | 歌曲 | 《朋友的心》 |

## 六、讲课大纲

第一阶段　导入

活动和解读

第二阶段　　了解同伴冲突的特征及化解冲突的方式

步骤1　认识同伴冲突的特征及产生原因

放片段1

问题与讲解

步骤2　了解同伴冲突激化的原因与泛化的过程

放片段2

问题与讲解

步骤3　了解同伴冲突化解的过程及方法

放片段3

问题与讲解

步骤4　认识同伴冲突的解决与同伴关系的转变

放片段4

问题与讲解

活动：头脑风暴

第三阶段　　结束与升华

一起听（或唱）《朋友的心》

教师做结束语，升华主题

## 七、背景信息

人际关系，即在人们的物质交往与精神交往中发生、发展和建立起来的人与人之间的直接心理关系。人际关系离不开认知、情感、行为三种因素。所谓良好和谐的人际关系，指的是相互间认知一致、情感相容、行为配合的关系[①]。

人际间的和谐与冲突时刻处于一种动态变化的过程中。没有绝对的和谐，当然也没有绝对的冲突。冲突是暂时的，只要付出真诚与勇敢，宽容大度地接纳与体谅对方，并掌握一定的人际交往技巧和策略,通过主动地沟通,合理的表达,最终会化解矛盾,建构起和谐、温暖的交往氛围。

初中生阶段正处于青春期,生理的变化和自我意识的高度发展,使他们产生了强烈的成人感与独立感,十分渴望社会、学校、家长及同伴给予他们成人式的信任和尊重,但是他们的认知能力、思想方式、社会经验又有很大的片面性和表面性,再加上青少年情绪不稳定,更容易产生人际冲突。朋友关系在初中生的生活中日益重要,初中阶段也是朋友认可接纳的高峰期,他们最害怕朋友关系冷漠紧张,缺乏情感支持,因而朋友间的冲突也值得我们特别关注。

初中生在面对朋友间冲突时,采取的处理方式随着冲突情景的不同而呈现多样化。大多数采取的处理方式是:攻击,包括争吵、打架、威胁命令等,还有的采取第三者干预、屈从、告状求助、回避与冷处理、协商、事后和好等。朋友关系是初中生人际关系的主旋律,培养学生面对朋友间冲突的正确心态,提高他们冲突应对能力和解决技巧,将有利于他们身心健康发展。

## 参考文献

① 阳志平 等编. 积极心理学团体活动课操作指南. 北京:机械

　　工业出版社, 2010. 第 197 页。

八、附录：学生活动页

**1.活动：头脑风暴。**

      指导语：在处理人际冲突的过程中有哪些技巧是值得我们注意的呢？ 通过老师和同学间头脑风暴式的讨论，总结出解决朋友间冲突的技巧和策略，例如：

积极沟通、善于合作

热情诚恳、欣赏他人

尊重关心、体贴他人

无私奉献、乐于助人

谦虚友善、宽以待人

2. 根据课堂第三阶段的要求，听（或唱）的同时，请同学们用简洁的语句写下本节课的关键词、感受或所得。

_____

_____

_____

# 教学过程

第一阶段——导入（7 分钟）

**目标 1：**营造互动和轻松的氛围

**目标 2：**引出主题——直面朋友冲突

**1.活动名：**"友情健身操"

**2.具体操作：**

教师先给学生示范，然后学生根据教师的指导语一起来做。

**指导语：**请所有的同学两两一组，跟随着"一、一二、一二三、一二三四"的节拍对自己的同桌做出"微笑、拥抱、帮对方捶肩"等动作，同时齐喊节拍。随着节拍的加快，直到在一定的速度下顺利完成所有动作。

同学们，做完友情健身操之后你有什么感受呢？你是否深切地感受到了友情所带来的身心的惬意？是的，友情就像冬日的一把

**提示：**友情健身操进行中，可以配上节奏感较强的乐曲，以渲染气氛。若场地有限，可以将动作幅度缩小，如"拥抱"可改为"握手"，"帮对方捶肩"可改为"口头表扬"等。

火，可以在我们最无助的时候给我
们带来阵阵温暖；友情就像夏日的
一缕风，可以在我们最焦躁的时候
给我们带来丝丝凉意。

**引导语：**当然，朋友之间的交
往有时也难免会有一些冲突，下面
让我们来看看影片《青果校园》的
几个片段，看看两个好朋友"青果"
和"斑长"的故事，她们之间产生
了怎样的冲突，她们又是如何应对
这些冲突的。

**第 7 分钟**

**提示：**过渡句。

---

## 第二阶段——了解同伴冲突的特征及化解冲突的方式（33分钟）

**目标1：**了解同伴冲突发生的原因

**目标2：**引导学生正确认识、处理同伴间的冲突

**目标3：**引导学生掌握人际交往技巧、策略

**步骤1 认识同伴冲突的特征及产生原因（8分钟）**

片段1（4′48″）：青果刚刚

**提示：**注意每个步骤的时间。

放片段1

转学进入青鸟中学，无意间冒犯了外号为"斑长"的郑爽爽，"斑长"故意刁难青果，设置陷阱，欲使青果成为庄老师的眼中钉；在竞选体育委员职务中，两人又成为对手，通过短跑比赛，青果赢了郑爽爽，两人结怨更深。

**引出的问题：**青果和郑爽爽之间存在着哪些冲突呢？这些冲突为什么会发生？

青果和郑爽爽的冲突主要起源于一个误会，青果并非要用"斑长"这个外号来羞辱郑爽爽，而郑爽爽却感到很难堪，这说明我们同学之间很多冲突都是由一个小小的误会演化而来，如果及时沟通，相互理解，冲突可能就不会激化，我们也就能更早地成为好朋友。

**教师总结：**作为初中生的我们，身体和心理都处于急剧变化发展的时期，"心理上的断乳"给我们带来了很大的不安，自我意识的突然高涨、情绪的不稳定，自尊心的加强、独立意识的提高等等都为我们的同伴关系添加了更多和谐

问题见 PPT。

与不和谐的因素。争强好胜很多时候会给我们带来荣誉，但如果不注意方式方法，再加上一些误会，可能就会给自己创造出一些不存在的"敌人"，给自己和他人增加很多烦恼和矛盾。

同学们的发言都很有启发，接下来让我们看看青果和郑爽爽之间的冲突又会有怎样的发展？

**第 15 分钟**

### 步骤2　了解同伴冲突激化的原因与泛化的过程（7分钟）

片段2（2′50″）：郑爽爽陷入情书事件中，被庄老师严厉批评，她还冤枉青果在老师那里打小报告，让同伴威胁青果。

放片段2
问题见PPT。

**引出的问题**：青果和郑爽爽之间的冲突为什么会升级？冲突升级的后果是什么？

郑爽爽和青果之间冲突的升级其实还是因为缺乏沟通和理解，由于先入为主的偏见，相互间的误会加深，使得彼此间的交流更加困难。冲突升级的后果是同班另外两位女同学也开始排斥青果，两人之间的矛盾泛化到更广的范围。

　　**教师总结：** 在这一片段中，我们可以看到，青果其实并没有做出什么特殊的行为，而郑爽爽和她的朋友们则认定是青果给老师打小报告使得事情变得糟糕，说明先入为主的偏见和先前的误会将会影响我们的判断力，使得我们无法客观地看待问题、处理问题；此外，同伴关系的改变需要双方都做出努力，误会的产生并非总是一个人的过错，双方应承担起自己应当承担的责任，勇于面对挫折，积极寻求相互理解。

　　那么，接下来我们看看青果是怎样做的？

**提示：** 强调同伴间的冲突双方都有责任。

---

**第 22 分钟**

　　**步骤 3　了解同伴冲突化解的过程及方法（8 分钟）**

　　**片段 3**（4′43″）：青果无意间了解到郑爽爽家境困难，做出退让，包容了郑爽爽，并暗地里帮助她摆脱情书事件的困扰。

　　**引出的问题：** 青果和郑爽爽的关系有了缓和，那么什么是她们关

放片段 3
问题见 PPT。

系的转折点呢？为什么青果要帮助郑爽爽？面对青果的帮助，郑爽爽的反应是怎样的？

青果暗地里想办法帮助郑爽爽摆脱了情书事件的困扰，郑爽爽知道后开始反思自己和青果的关系，她意识到，原来青果对自己挺好的，很自责自己一直以来对青果的种种偏见，并担心青果是否还会接受自己做朋友。

**教师总结：**青果的真诚和积极为朋友付出的态度是她与郑爽爽关系发生改变的关键，说明朋友之间的冲突并非是一段关系的结束。真正的朋友是应该积极、主动地寻求解决问题的方法并首先从自己的角度做出改变的，当同伴中的一方不断付出的时候，另一方也应当给予积极的回应，这样关系的建立和改善才有良好的基础。

当然，良好关系的建立并非总是很容易，当我们在同伴关系中遇到挫折，我们应该像青果一样，对待朋友应有始终如一的真诚和勇于付出的态度。

**注意：**巧妙引导、充分调动起学生兴趣。

**第 30 分钟**

步骤4　认识同伴冲突解决的效果与同伴关系的转变（10分钟）

片段4（3′ 22″）：青果网上秘密地帮助郑爽爽学习数学，闲聊时无意透露了身份，郑爽爽得知特别意外，两人深情相拥，冲突解决，成为好朋友。

**引出的问题**：回顾青果和郑爽爽之间的关系从冲突到最后和好的整个过程，请大家思考一下，青果为什么要秘密地帮助郑爽爽呢？最后两人的关系发生了怎样的转变？

面对之前郑爽爽的故意刁难，青果丝毫不计较，不仅很宽容地原谅了她，而且还在暗地里帮助她。最终，两人都取得了优异的成绩，尽弃前嫌。

**教师总结**：青果的宽容、真诚与热情感动了郑爽爽，郑爽爽也勇于承认错误，积极回应，发出示好的信号，在双方的努力下，两人间冲突得以化解。下面让我们通过一个小活动来发掘化解冲突的方法。

放片段4
问题见 PPT。

| | | |
|---|---|---|
| | **活动：头脑风暴**<br><br>指导语：在处理人际冲突的过程中有哪些技巧是值得我们注意的呢？<br><br>通过老师和同学间头脑风暴式的讨论，总结出解决朋友间冲突的技巧和策略，例如：<br><br>积极沟通、善于合作<br>热情诚恳、欣赏他人<br>尊重关心、体贴他人<br>无私奉献、乐于助人<br>谦虚友善、宽以待人 | **注意：** 在此阶段教师既要调动气氛，鼓励大家各抒己见，同时要注意课堂秩序。<br><br>放 PPT。<br>**提示：** 教师结合实例做出解释。 |
| **第 40 分钟** | **第三阶段——结束与仪式 （5 分钟）**<br>大家一起听（或唱）《朋友的心》。<br><br>**歌词《朋友的心》**<br>作词：阿峰：<br>作曲：阿峰<br>演唱：王子鸣<br><br>**我**们曾经同路走<br><br>我们曾经是朋友 | 同时播放《朋友的心》<br><br><br><br>见学生读本。 |

人生的路坎坎坷坷

让我们有了不同的追求

你在你的路上走

我在我的路上走

别因为那岁月它匆匆而过

就忘了我们是朋友

朋友的心　你要听听

别只顾自己走得急

朋友的心　你要听听

大风浪你要经得起

朋友的心　你要听听

别只顾自己忙得急

朋友的心　你要听听

我祝你前方好光景

我们曾经同路走

我们曾经是朋友

人生的路坎坎坷坷

让我们有了不同的追求

你在你的路上走

我在我的路上走

别因为那岁月它匆匆而过

就忘了我们是朋友

朋友的心　你要听听

别只顾自己走得急

朋友的心　你要听听

提示: 听（或唱）的同时，请同学们用简洁的语句写下本节课的关键词、感受或所得。

| | |
|---|---|
| **（歌声中结束）第45分钟** | 大风浪你要经得起 |
| | 朋友的心　你要听听 |
| | 别只顾自己忙得急 |
| | 朋友的心　你要听听 |
| | 我祝你前方好光景 |
| | 朋友的心　你要听听 |
| | 别只顾自己走得急 |

# 第9课　同桌的他/她

## 教学方案

### 一、教学目标

**1. 知识掌握:** 能够了解青春期异性相处的基本特征及其对双方的影响。

**2. 思维拓展:** 能够理解自己对特定异性的特殊情感产生的缘由。

**3. 技能提升:** 能够掌握和异性之间亲密交往的行为原则。

### 二、教学注意事项

1. 注意掌握视听片段放映和游戏活动的时间分配,控制好课堂节奏。

2. 建议采用绘画、文字等表达性的活动形式。

3. 在举例异性关系时,避免使用现场、尤其是同班同学间的事例。

### 三、理念引领

1. 男生和女生具有各自的优势与局限,需要相互理解,取长补短。

2. 异性之间的亲密交往是正常的,但需要注意方式和程度。

3. 真正的爱情不仅是相互喜爱,还应包括责任、能力与承诺等等。

## 四、主要术语

**1. 人际吸引:** 也称"人际魅力"。指人与人之间在感情方面相互喜欢和亲和的现象,它是人际关系的一种积极心理状态,体现了社会生活中人和人之间的心理距离[1]。对异性的爱慕属于人际吸引的一种。

**2. 人际距离:** 指人与人之间面对直接交往所保持的相互间的客观距离。E. 霍尔曾把它分为:(1)亲密距离,18英寸;(2)亲近距离,1.5~4英尺;(3)社会距离,4~12英尺;(4)公众距离,12~15英尺。人际距离体现了交往中双方的亲密程度,可以进行客观的观察和测量[1]。

## 五、教学工具

多媒体、黑板、粉笔、

学生读本和笔(学生必备)

课程PPT一份

视听类素材

| 编号 | 时长 | 节选电影 | 内容简述 |
|------|------|----------|----------|
| MⅡ-9-01 | (2′09″) | 片段1《女生日记》 | 男生和女生发生冲突,要求不和异性做同桌 |
| MⅡ-9-02 | (2′22″) | 片段2《女生日记》 | 男生和女生相处模式的几个侧面 |
| MⅡ-9-03 | (2′50″) | 片段3《女生日记》 | 男生和女生开始挖掘对方的优点 |
| MⅡ-9-04 | (1′01″) | 片段4《女生日记》 | 男生和女生达成相互理解,重新做回同桌 |

| SⅡ-9-01 | (1′30″) | 歌曲 | 《同班的男生》 |

## 六、讲课大纲

第一阶段　导入

活动和解读

第二阶段　了解青春期异性相处的基本特征，学习与异性相处的方式

步骤1　了解青春期异性冲突的表现及其产生原因

放片段1

问题与讲解

步骤2　认识青春期异性相处的基本特征及其对双方的影响

放片段2

问题与讲解

步骤3　了解自身与异性的优势与不足，学习如何与异性相处

放片段3

问题与讲解

活动：我与他（她）

步骤4　了解如何解决与异性相处的冲突

放片段4

问题与讲解

第三阶段　结束与升华

一起听（或唱）歌曲《同班的男生》

布置课后作业："我的爱心树"

## 七、背景信息

　　心理距离越近，人们相互之间吸引的程度越大，心理距离越疏远，人际双方越缺乏吸引力。影响人际吸引的主要因素有：（1）空间因素；（2）交往的频率；（3）年龄、性别、个人社会背景、态度、爱好等个人特性方面的类似性；（4）需要的互补；（5）能力与特长方面的突出；（6）开朗的性格、涵养、礼貌、仪表等。

　　青春期是指个体在性器官发育成熟与第二性征显现的时期。出现的年龄男女有别，女孩约在 11～14 岁，男孩约在 13～16 岁。随着医学进步，疾病减少，营养改善，加上社会文化刺激的影响，青春期的年龄和发育速率存在很大个体差异，并对青少年的心理发展产生影响，如成熟晚的男孩可能缺乏自信等[2]。处于青春期的少男少女，开始体验懵懂的异性之间的感情，但是由于并不理解这种感情产生的机理，对于如何正确处理异性关系还存在困惑，这个时期的男生、女生之间往往产生很多矛盾和冲突，需要教师适时予以引导，促进男女同学之间相互理解，帮助青少年理解和掌握几种与异性相处的适当方式。

### 参考文献

① 车文博 主编.当代西方心理学新词典.长春：吉林人民出版社，2001.第 295 页
② 车文博 主编.当代西方心理学新词典.长春：吉林人民出版社，2001.第 270 页

## 八、附录：学生活动页

### 1.活动：我与他（她）。

请同学们用几个形容词描述一下心目中的男生、女生形象。具体可参考如下：

**女生填：**

1.我喜欢的男生类型：_____

2.我讨厌的男生类型：_____

3.我认为男生喜欢的女生类型：_____

4.我认为男生讨厌的女生类型：_____

5.我想对我们班男生说一句话（要求不得人身攻击，不得指出姓名）。

_____

**男生填：**

1.我喜欢的女生类型：_____

2.我讨厌的女生类型：_____

3.我认为女生喜欢的男生类型：_____

4.我认为女生讨厌的男生类型：_____

5.我想对我们班女生说一句话（要求不得人身攻击，不得指出姓名）。

_____

### 2. 课后作业："我的爱心树"。

根据课堂中的讨论，请同学们将讨论的结果制作成自己的"爱心树"。

（1）"自己的优势"和"喜欢的异性特征"写在绿色树叶上；

（2）"自己的缺点"和"不喜欢的异性特征"写在黄色树叶上；

（3）关于自己的，不论优势还是缺陷都用椭圆形树叶；

（4）关于异性的，同样不论优势还是缺陷都用心形树叶。

将制作好的树叶贴在一张白纸上，画上树干，让自己的这颗"爱心树"指引自己与异性和睦相处。

# 教学过程

**开始**
**第　0**
**分钟**

## 第一阶段——导入（6分钟）

**目标1:** 营造互动和轻松的氛围

**目标2:** 引出主题——异性交往

**1.活动名:** "男生、女生，知多少"

**2.具体操作:**

**指导语:** 在今天的课程开始之前，我想先问问大家，你们对自己所在的班级了解多少，比如，我们班有多少人，男生有多少，女生有多少，再比如，体育课最好的是哪位同学，音乐课最好的又是哪位同学，力气最大的是哪位同学，心思最细腻的又是哪位同学……请同学们自由发言。

通过几位同学的回答，大家有什么新发现吗？是不是男生和女生所擅长的事情各有不同呢？那么男生和女生之间有相互合作，共同完成一件任务的经历吗？请两三位同学和我们分享一下。

**引导语:** 确实，男生和女生很多时候是不一样的，因此给双方的相处带来很多困扰，在与异性相处的过程中，有时难免会有一些冲突。但是，男、女生

**提示:** 该活动中，教师可以根据本班的具体情况选择提问的问题，重点是引导学生注意到男生和女生的区别与共性。

之间也有很多相同的地方，也有相互理解、相互合作的时候。下面让我们来看看影片《女生日记》的几个片段，看看同班男生和女生之间发生的故事。他们之间的相处模式是怎样的，又是如何达成理解、共同成长的。

提示：过渡句。

**第6分钟**

## 第二阶段——了解青春期异性相处的基本特征，学习与异性相处的方式（35分钟）

提示：注意每个步骤的时间。

目标1：了解青春期异性相处的特征及对双方的影响

目标2：认识青春期异性冲突产生的原因

目标3：掌握与异性相处的基本原则

**步骤1 了解青春期异性冲突的表现及其产生原因（7分钟）**

片段1（2′09″）：男生豆豆嘲笑女生南柯梦的身材，最终导致男生群体和女生群体之间激发冲突，分别向老师要求男、女生不做同桌，在班级形成了男、女生对立的局面。

放片段1
问题见PPT。

**引出的问题：**男生和女生的冲突是怎样表现出来的？男生和女生之间的冲

突为什么会发生？请同学们自由发言，和大家分享一下自己的感受。

在这个片段中，男生嘲笑女生的身材，女生批评男生、排斥男生，最终相互之间不再尝试沟通，甚至把座位分开。正如大家所感受到的那样，男生和女生之间的冲突其实并没有说明谁对谁错，双方之间的小小冲突完全可以通过沟通协商来解决。比如男生对女生身材的嘲笑，可能放在男生身上就会一笑而过，但男生并没有注意到女生对身材的在意程度与男生不同；而女生对男生的批评和排斥可能放在女生身上就会看成一时情绪化的表现，很快就忘怀了，而男生就会将它看作一件非常严肃的事情。

**提示：突出冲突产生的原因是未能站在对方的立场。**

**教师总结：** 在与异性相处中，如果忽略了异性与自己的差别，完全按照自己与同性建立关系的方法来与异性相处，可能就会产生误会甚至激发冲突；此外，以自我为中心，不照顾他人感受，也很容易导致对他人情绪不敏感，与他人产生矛盾和不快。

意识到男、女生之间的冲突后，接下来让我们看看男生和女生之间又有怎样的故事发生？

**第 13 分钟**

**步骤 2　认识青春期异性相处的基本特征及其对双方的影响（7 分钟）**

片段 2（2′22″）：男生和女生冲突的几个侧面。

放片段 2 问题见 PPT。

**引出的问题：**男生和女生之间的相处模式是怎样的？自从冲突发生之后，双方有什么变化？

最初的冲突发生之后，男生和女生一直处于对立局面，女生把果皮塞到男生的书桌里，男生就把果皮塞到女生的书桌里；女生为了报复又在拔河比赛中让男生摔跤。

**教师总结：**男女生之间的相处模式就是一种你来我往的相互排挤，通过让对方受挫，想证明自己更强，但是谁也没有取得胜利。在这个过程中，男生和女生分别作为一个群体，团结的更紧密了，但是一个班级的整体性却遭到了打击，男女生对立的局面造成了很多不必要的麻烦。彼此在心理上都有压力。其实男生和女生并不讨厌彼此，只是想要改变对方，但使用了错误的方法，就得不到想要的结果。

接下来我们看看在老师的介入下，男生和女生之间的关系发生了什么样的转变？

**第20分钟**

**步骤3 了解自身与异性的优势与不足，学习如何与异性相处（12分钟）**

片段3（2′50″）：在老师的建议下，男生和女生进行辩论赛，男生的论点是"女生比男生强"，而女生的论点是"男生比女生强"。在辩论赛上，双方开始挖掘出对方的优点，双方之间开始和解。

放片段3问题见PPT。

**引出的问题**：老师规定男生的论点是"女生比男生强"，而女生的论点是"男生比女生强"，这样做的用意是什么？效果怎么样？

老师这样做主要是给男生和女生提供一个相互理解的契机。通过发掘对方的优势，认识自己的局限，双方达成了相互理解。

下面让我们亲身参与一个活动，了解自我与异性。

见学生活动页。

**教师总结**：结合同学们的发言，教师在黑板上罗列要点，做出总结，可参

**注意**：在此阶段教师既

考如下：

我心目中的女同学形象：天真纯洁；活泼大方；温文尔雅；富有爱心；学业优秀；好学上进；多才多艺等。

我不喜欢这样的女同学：心胸狭窄；矫揉造作；多嘴多舌；嫉妒心强等。

我心目中的男同学形象：学业优秀；能学会玩；幽默风趣；博览群书；责任心强；富有爱心等。

我不喜欢这样的男同学：言行粗野；浅薄无知；不求上进；缺乏爱心等。

**第 32 分钟**

**步骤 4　了解如何解决与异性相处的冲突（9 分钟）**

片段 4（1′01″）：经过辩论赛，男生、女生达成相互理解，双方认识到了自身的不足和对方的优势，在老师的鼓励下重新做回同桌。

**引出的问题**：经过辩论赛，男生和女生的关系发生了怎样的转变？是什么促成了这些转变？

**教师总结**：男生和女生通过发掘彼此的优点，认识自己的缺点，意识到彼此的区别与共性，相互理解，重新做回同桌。这其中首先是老师提供了良好的

要巧妙引导、充分调动起学生兴趣，鼓励大家各抒己见，同时也要注意课堂秩序。

放片段 4 问题见 PPT。

契机，但最重要的还是男、女生双方积极地思考彼此的差异和主动地为改善关系做出努力。异性之间的交往其实说难也并不困难，只要遇事能站在对方的立场想想，可能问题就会迎刃而解。

现在请同学们思考一下，有哪些要点可以促进异性同学之间和睦相处呢？异性同学交往有哪些原则呢？想好的同学可以举手发言。

总结同学的发言，教师在黑板上做出总结，例如：

异性同学交往原则：

1. 自然交往，落落大方，不必过分拘谨。

2. 在心理上保持一定距离，适度交往。

3. 避免长时间单独相处。

4. 自尊自爱。

5. 尊重、关怀对方。

6. 不相互嫉妒，不过分炫耀。

7. 不过分严肃，不过分轻薄。

8. 尊重对方的宗教习惯及地域差异。

……

提示：针对容易误解的条目，教师可以适当做出解释。

| 第 41 分钟 | **第三阶段——结束与仪式** （4分钟） | |
|---|---|---|
| | 大家一起听（或唱）歌曲《同班的男生》。布置课后作业："我的爱心树" | 同时播放《同班的男生》。 |
| | **歌词《同班的男生》**<br>演唱：杨紫 | 见学生读本。 |
| | 糊里糊涂 呜里呜嘟 邋里邋遢<br>总踩着上课铃的尾巴<br>成绩凑合 成绩凑合 奥数不差<br>运动场上却总输给人家<br>不懂怜香惜玉也罢<br>还常炫耀四肢发达<br>哦嗬 同班的男生啊<br>真拿你们没办法<br>有种感觉 有种感觉 朦朦胧胧<br>搞不清青春期这东东<br>口是心非 口是心非 懵懵懂懂<br>脸总是莫名其妙的红<br>面对挑战勇敢直冲<br>我们看在眼里真感动<br>哦嘿 同班的男生啊 | 提示：听（或唱）歌曲的同时，教师做出总结，对学生发言中有意义的观点予以强调。 |
| （歌声中 | 你是我们的英雄<br>不愉快的小事很快随风而去 | |

| | |
|---|---|
| **结束）** | 我们总是亲密的姐妹兄弟 |
| **第 45** | 互相鼓励形影不离 |
| **分钟** | 团队的胜利带来幸福和惊喜 |
| | 呜哦　同班的男生啊 |
| | 你是我们的骄傲 |

# 第10课 "明星"照亮梦开始的地方

## 教学方案

### 一、教学目标

1. **知识掌握：** 认识和了解偶像崇拜对生活、学习的影响和作用。

2. **思维拓展：** 分析青少年偶像崇拜的心理原因，学会理智对待偶像崇拜。

3. **技能提升：** 能够客观对待偶像崇拜，学会从偶像身上吸取积极的人生经验，鼓舞自己奋发向上，热爱生活。

### 二、教学注意事项

1. 注意掌握视听片段放映和游戏活动的时间分配，控制好课堂节奏。

2. 课堂活动鼓励学生谈到自己的偶像。

3. 建议布置课后作业《我身边的"那颗星"》。

### 三、理念引领

对偶像的崇拜是对理想自我的追求，我们追寻的往往不是一个特定的人，而是某种品质或特征，是我们将对自身的期待投注在对方身上的结果。

### 四、主要术语

1. **偶像崇拜：** 通常指对任何一种偶像、图像或物体的崇拜，是一个人对信仰着的象征物或对象信仰的极端表现。

**2.模仿学习**：指经由对别人行为的观察、模仿而获得同样行为的学习形式。模仿是在有选择地强化与榜样相同行为条件下进行的。

## 五、教学工具

多媒体、黑板、粉笔、

学生读本和笔（学生必备）

课程 PPT 一份

视听类素材

| 编号 | 时长 | 节选电影 | 内容简述 |
|------|------|----------|----------|
| MⅡ-10-01 | (3′25″) | 片段1《寻找成龙》 | 张一山为了报复同学，决定向成龙拜师学武 |
| MⅡ-10-02 | (2′07″) | 片段2《寻找成龙》 | 张一山在寻找成龙的过程中遭遇挫折 |
| MⅡ-10-03 | (4′22″) | 片段3《寻找成龙》 | 张一山为寻找成龙而经历的不同人和事 |
| MⅡ-10-04 | (5′07″) | 片段4《寻找成龙》 | 张一山为帮助女警察而错过了成龙的捐款仪式 |
| MⅡ-10-05 | (1′58″) | 片段4《寻找成龙》 | 成龙对张一山的教导 |
| SⅡ-10-01 | (3′) | 歌曲 | 《放心去追》 |

## 六、讲课大纲

第一阶段　　导入

　　　　　　活动和解读

第二阶段　　了解偶像崇拜的原因、影响及内在心理需求

步骤 1　了解偶像崇拜的表现和成因

放片段 1

问题与讲解

活动：分组讨论

步骤 2　了解偶像崇拜对生活、学习的影响

放片段 2

问题与讲解

步骤 3　认识偶像崇拜的本质

放片段 3

问题与讲解

步骤 4　找到现实生活中和身边的学习榜样

放片段 4

问题与讲解

步骤 5　如何正确对待偶像崇拜

放片段 5

问题与讲解

第三阶段　结束与升华

一起听（或唱）歌曲《放心去追》

布置课后作业——《我身边的"那颗星"》

## 七、背景信息

模仿学习，指经由对别人行为的观察、模仿而获得同样行为的学习形式。N.E.米勒和 T.J.多拉德首先用白鼠进行模仿学习的实验表明，模仿是在有选择地强化与榜样相同行为条件下进行的。认为驱力、线索、反应和奖赏是模仿学习过程中四个基本因

素。A.班杜拉指出,学习者只观察榜样的行为而不做出直接的反应也能进行模仿学习。他把这种学习称为观察学习。模仿学习的基本发展轨迹是:从无意识、不自觉的模仿,到有意识、自觉的模仿;从把模仿作为目的,到把模仿作为达到目的的手段;从模仿榜样的外部特征而产生类似的举止,到模仿榜样的内心特征而产生独创性行为;随着年龄的增长和知识经验的丰富,模仿的独立性、自觉性和稳定性逐步增强。J.M索里等人指出,为了有目的的模仿别人的行为,必须做到:(1)观察有关的行为或行为成分;(2)回忆最近的有关行为;(3)以作业成绩作为自己有关行为的指导;(4)争取达到所观察的行为可能达到的目标。个体通常会模仿与自己相似的人或值得敬重、有权力的人的行为。模仿的程度和性质取决于榜样的特征、观察者的特征和经验,以及观察到的对榜样的奖励和惩罚[①]。

青少年是需要榜样的,我们国家历来重视"榜样"的教育作用。然而,传统的榜样教育模式是由社会树榜样,倡导青少年去学,这种方式有时难免不尽如人意,社会树的榜样不一定能得到青少年由衷的敬佩与热爱。青少年也就未能将向榜样学习变成一种自觉的行为、内在的意愿,从而使这种学习流于形式。青少年的"追星"则不同。"星"是他们自己发现、自己确立的,他们由衷地敬佩、喜爱,心甘情愿地去学习、仿效,努力改变自己以使自己更接近偶像的形象。这种学习是自发的、自觉的,所以"追星"对青少年生活的影响不容小觑。

教师应注重引导青少年树立正确的价值观。学生追逐的偶像中,大多相貌出众、衣着光鲜、生活奢侈。他们对偶像的艳羡有时就来自于这些外在的、物质上的华丽。在青少年学生眼中,明星们似乎毫不费力就能得到获得良好的物质基础,享受充裕的生活。这些在一定程度上反映了学生们的价值观取向。作为学生社会生活中的重要他人,教师对学生的价值观导向的塑造具有不可替代的重要影响,应引导学生通过自身的不懈努力实现自己的人生理想,避免学生因盲目追星而误入歧途。

## 参考文献

① 车文博 主编.当代西方心理学新词典.长春:吉林人民出版社,2001.第229页

八、附录：学生活动页

1.活动：他们都是谁。

　　请看看屏幕上的这些照片，他们都是谁？他们各自具有什么特征（可以是性格上的，也可以是行为上的）？用 3～5 个词语概括。

2. 请根据本课的所学所感，课后完成《我身边的"那颗星"》，发现我们身边的"偶像"，他可能是家人、朋友、老师或者同学，甚至是并不熟悉的人。

## 我身边的"那颗星"

_____

_____

_____

_____

_____

_____

_____

# 教学过程

| 开始<br>第 0<br>分钟 | **第一阶段——导入（7分钟）** | |
|---|---|---|
| | **目标 1：**营造轻松愉快的氛围，活跃气氛 | |
| | **目标 2：**引出主题——偶像崇拜 | |
| | **1.活动名：**《他们都是谁？》 | |
| | **2.具体操作：** | |
| | **指导语：**请大家看看屏幕上的这些照片，上面一行的照片都是以前人们崇拜的偶像，下面一行照片大家都很熟悉，是我们现在流行的偶像。请同学们来认识一下，他们都是谁？他们各自具有什么特征？这些特征可以是性格上的，也可以是行为上的。请大家用 3～5 个词语概括出来，想好的同学可以和大家分享。 | **提示：**幻灯片中的前后时期照片要对比播放。教师可以根据本班学生的特点选取特定人物照片。 |
| | 强调对特征的描述和概括不要局限于外貌，鼓励多关注特殊的优秀品质和值得模仿的行为。 | 见学生读本。 |
| | **引导语：**虽然追求的明星不同，但过去、现在、未来总是会有人在追星。今天我们一起来聊聊"我追的'那颗星'"。首先，让我们一起来看一部电影 | **提示：**过渡句。 |

《寻找成龙》当中的片段。

| 第 7 分钟 | | |
|---|---|---|

**第二阶段——了解偶像崇拜的影响、成因及其本质（32分钟）**

提示：注意每个步骤的时间。

**目标1：**了解偶像崇拜的成因及表现

**目标2：**认识偶像崇拜对学习、生活的影响

**目标3：**习得偶像崇拜的本质及正确对待偶像崇拜

**步骤1 了解偶像崇拜的表现及成因（9分钟）**

放片段1

问题见PPT。

**片段1（3′25″）：**张一山在学校因为华文不及格，被老师批评，被同学嘲笑，决定向成龙拜师学艺。

**引出的问题：**张一山为什么要寻找成龙？他追星的目的是什么？

张一山想拜成龙为师，目的是学好功夫回学校教训那些嘲笑他的同学们。现实生活中，很多人都在追星，我们身边的同学，甚至我们自己也不例外。大家追星的理由各不相同，然而核心的理念总是"希望能成为他那样的人"。

**分组讨论：**你为什么崇拜你的偶

每组请1位

像？哪些原因促使你追星？

**教师总结**：结合同学们的发言，教师的总结参考如下：

1. 追求时髦、浪漫：社会上流行什么，我也应该追什么，否则，别人会笑我"老土"；

2. 寻求刺激：初中生活"家庭—学校"两点一线，实在太单调了。追星，那么多人从一个地方追到另一个地方，多刺激呀；

3. 情感上的需要：因为崇拜同一明星，使我容易与同学成为"知心朋友"；

4. 向往成功：渴望成为像明星们那样有辉煌成就的人；

5. 发现理想的"我"：追求明星实际上也是追求理想的自我。

**步骤2　了解偶像崇拜对生活、学习的影响（6分钟）**

**片段2（2′07″）**：张一山在寻找成龙的过程中，遭遇了许多惊险的事情，包括迷失方向、钱包被盗、甚至被

---

同学代表发言。

注意：教师在引导时需强调第5条：对理想自我的追求。

放片段2问题见PPT。

第16分钟

人绑架、见到成龙的过程并不顺利。

**引出的问题：** 张一山寻找成龙的过程对他和家人带来了哪些影响？

张一山离家出走，让家人担心不少，在寻找成龙的过程中，他遭遇的种种挫折每一件都充满危险，在这些挫折和危险当中，张一山自己和家人都承受了心理和身体上的磨练，所幸的是，在张一山的案例中，他最终平安度过了各种磨难。

**教师总结：** 青春期的我们追求明星的现象很普遍。但盲目的追星、无理智的崇拜却可能给我们和周围人带来伤害，在张一山的故事中，如果不是警察及时介入，他就可能会有生命危险，他的家人也要蒙受财产损失和心理上的巨大痛苦。

对偶像的崇拜是正常的，但我们要注意方式和程度，应让偶像崇拜成为我们成长和进步的动力，而非阻碍我们成长的绊脚石，甚至造成我们危险的导火索。

同学们，你有过"追星"的经历吗？在追星前后，你的性格、行为、情绪、成绩等方面是否有变化？与家长、同学、老师、朋友之间的关系等是否有变化？请几位同学和大家分享。

---

**第 22 分钟**

**步骤3 认识偶像崇拜的本质（8分钟）**

片段3（4′ 22″）：张一山为了见到成龙，不惜扮作群众演员、冒着严寒到影视中心门口等待，但对疼爱他的姥姥和收留他的女警察却恶言伤害。

放片段3 问题见PPT。

**引出的问题**：对张一山追寻成龙的行为，别人是怎么评价的？他对待偶像和对身边的人态度上有什么不同？你怎么看待张一山的这种行为？

张一山为了见到成龙，甘愿扮成群众演员装死人，冒着严寒在影视基地的门口等上一夜，却对辛苦陪他前来的姥姥大吼大叫；他认为自己的偶像无所不能，而对将他解救出来的女警察不屑一顾，甚至骂她是"男人婆"。这种态度和行为上的巨大反差说明了偶像崇拜中一个重要的心理现象就是"过度理想化"，即认为自己的偶像是完美无缺的、无所不能的，实际上世界上没有一个人能这样完美，明星也和普通人一样，有喜怒哀乐、有缺点。只不过我们很难了解到他们在舞台下面的真实生活状况，或者干脆会完全忽略他们平凡的这一方面。

**教师总结**："过度理想化"是青少年认识问题和评价别人的一个普遍特点，也是人的心理发展过程中的一个阶段，即"好—坏"分裂的阶段。在这个过程中，我们会认为好就是完美无缺，坏就是一无是处。我们对自身的认识和评价也会有"过度理想化"的色彩，所以有时候我们会极其自负，有时候又极其自卑，实际上都是由于我们心理发展的不成熟所导致的。

如果我们过分关注自己理想中的形象而对现实视而不见，就可能盲目地追星，却忘记了自己追的究竟是什么。对偶像的崇拜很正常，在很多时候都能给予我们改变方向和前进的动力，当我们意识到自己真正需要的是什么，有目的地、合理地崇拜我们的偶像、学习我们的偶像，那么我们就能从中汲取营养，获得身心成长。

**步骤4 找到现实生活中和身边**

| 第 30<br>分钟 | 的学习榜样（8分钟） | 放片段4 |
| | 　　片段4（5′07″）：张一山正好碰到女警察在抓捕坏人，他虽然表现出了恐惧，但还是被女警察的勇敢精神所感染，并帮助她一起制服了坏人，也及时地挽救了女警察的生命。 | 问题见PPT。 |

　　**引出的问题**：张一山对女警察的态度有什么变化？这样的变化意味着什么？

　　张一山一开始认为女警察连捉贼都不会，完全没办法和成龙相比，后来亲眼见到女警察制服歹徒的过程，感到非常佩服，为了营救女警察，成龙乘坐的车辆和他擦肩而过，他也不管不顾了。

　　**教师总结**：张一山一开始盲目崇拜成龙而否定女警察，就是沉浸在幻想形象中而不顾现实的表现。在他亲眼见到女警察制服歹徒的过程中，他没有意识到自己已经被女警察所感染。

　　在送女警察去医院的途中，成龙乘坐的车俩和他擦肩而过他却完全不管不顾，这已经能够很好地说明张一山追星的行为已经从完全地沉浸于幻想渐渐回归到了现实中。他意识到挽救女警

察的生命更为可贵，这不是不再喜爱和
崇拜成龙，而是将崇拜成龙的精神融入
到自己的行为中。同时也不得不说，这
个时候的女警察无疑已经成为张一山
学习的榜样。

张一山最终见到成龙了吗？我们
来看最后一个片段。

**第 38
分钟**

---

**步骤 5　如何正确对待偶像崇拜（5
分钟）**

片段 5（1′58″）：成龙教导张一山
如何为人并给予鼓励。

放片段 5
问题见 PPT.

**引出的问题**：张一山后来从成龙身
上学到了什么精神？

张一山终于明白学好华文的重要
性，也明白自己寻找成龙的最初目的其
实并不恰当。在接受成龙的教诲之后，
张一山回到学校努力学习，终于取得好
成绩，也获得了同学们的认同和赞扬，
他得到心灵上的成长。

**教师总结**：通过今天的课程，我们
认识到我们之所以崇拜某个偶像或者
会疯狂追星，往往只是喜爱他身上的一
些特征，这些特征可能是他本身具有同
时又被我们无限放大了，也可能只是我

们将自己的期待投注到了对方身上，然后把他当作一个理想化的形象去追寻。

如果我们不顾现实，而去疯狂地盲目地追星，会给我们的学习和生活带来一系列不好的影响，也会给身边亲近的人带来一些伤害。所以我们不仅要看到明星们光耀的表面，更要看到他们在光耀背后所付出的艰辛努力，并学习他们克服困难、超越自我的精神。我们还要多看到我们身边的人的优势和长处，以他们作为学习的榜样，端正态度，不逃避困难，解决现实问题，这样才能让我们自己也逐渐成长为一颗闪闪发光的"明星"。

## 第三阶段——结束与升华 （3分钟）

第 43 分钟

最后，带着对偶像的崇敬之情，我们一起来听（或唱）歌曲《放心去追》。

请同学们课后完成——《我身边的"那颗星"》。

**歌词《放心去追》**

同时播放歌曲《放心去追》。

见学生读本。

梦开始的地方

露珠闪着水晶光芒

小小的毛毛虫

渴望蝴蝶的翅膀

害羞的太阳

躲在白云身后向你张望

阳光那么温暖

我要变得越发勇敢

青涩的滋味

装满沉沉书包不觉累

懵懂的体会

点滴酸甜映在年轻心扉

让爱画出绚烂的彩虹

会让天空不再有朦胧

让我们绽放甜美笑容

送给明天更美的梦

放心去追

风雨再大也不后退

勇敢地真心面对

期待明天越来越美

放心去追

朋友永远相依相随

不管未来多遥远

**（歌声中结束）第45分钟**

**提示**：在同学们听（或唱）歌曲的同时，教师用简洁的语言概括课程要点，并对学生们有益的思考予以强调，升华主题。

梦想都会迎风起飞
迎风起飞

# 第11课 让心跟着梦想跳动

## 教学方案

### 一、教学目标

**1. 知识掌握：**了解兴趣、能力和理想各自的特征及三者之间的关系。

**2. 思维拓展：**明白理想的实现需要兴趣的支持，能力的增长，还需要个人付出、意志和努力。

**3. 技能提升：**能够为自己的理想制定长期目标和短期目标。

### 二、教学注意事项

1. 注意掌握视听片段放映和游戏活动的时间分配，控制好课堂节奏。

2. 谈自己的理想要与实现途径相结合。

3. 建议布置课后作业，《我的理想计划书》。

### 三、理念引领

1. 理想和现实之间并不总能保持一致，很多时候存在巨大冲突，我们应当积极应对冲突，用适当的方式调和理想与现实之间的矛盾。

2. 理想的实现不但需要兴趣的支持和坚韧的意志，还应制定切实可行的计划作为保障。

### 四、主要术语

**1. 兴趣：**是经常推动人们认识活动的内部机制，它是个人活动动机的重要方面。兴趣主要推动人们对自然界和社会生活的深刻的认识，能使人们积极寻求满足认识需要的途径与方法[①]。

**2. 能力：**广义的能力通常指完成某种作业所必备的心理和行为条件，包括完成这种作业的有效方式以及与此相应的个性心理品质。狭义的能力则仅指保证顺利完成一定活动所必需的心理特征。有些能力(如观察能力、记忆能力、思维能力、想象能力)则是从事任何活动所共同要求的能力，这些能力叫一般能力[②]。

**3. 理想：**人对合乎客观规律的美好未来事物的想象。理想与幻想均同个人的愿望、未来的活动相联系，但幻想不一定以客观规律为依据，往往不一定有实现的可能。而理想体现了事物发展的客观规律，故将来可能实现[③]。

## 五、教学工具

多媒体、黑板、粉笔、

学生读本和笔 ( 学生必备 )

课程 PPT 一份

视听类素材

| 编号 | 时长 | 节选电影 | 内容简述 |
|---|---|---|---|
| MⅡ-11-01 | (3′11″) | 片段1《飞》 | 刘百刚说他的理想是造一架飞机,他的朋友小猜觉得他这是空想 |
| MⅡ-11-02 | (2′44″) | 片段2《飞》 | 刘百刚最初的尝试失败了,他决定外出挣钱,学技术,五年后他学成回来开始造飞机 |

| MⅡ-11-03 | (3′22″) | 片段3《飞》 | 刘百刚试飞失败,朋友建议他用数学方法计算鸟类翅膀长度和重量的比例,刘百刚有所顿悟 |
|---|---|---|---|
| MⅡ-11-04 | (3′45″) | 片段4《飞》 | 刘百刚试飞多次都以失败告终,但他没有气馁,坚持不断地试飞,终于成功飞上蓝天 |
| SⅡ-11-01 | (5′) | 歌曲 | 《我的未来不是梦》 |

## 六、讲课大纲

第一阶段　　导入

　　　　　　活动和解读

第二阶段　　理解何谓理想及实现理想的途径

　　　步骤1　何谓理想,及其与空想的区别

　　　　　　放片段1

　　　　　　问题与讲解

　　　步骤2　实现理想所需要的基础性的条件

　　　　　　放片段2

　　　　　　问题与讲解

　　　步骤3　突破瓶颈,实现理想所必需的其他条件

　　　　　　放片段3

　　　　　　问题与讲解

　　　步骤4　理解意志力对实现理想的作用

　　　　　　放片段4

　　　　　　问题与讲解

第三阶段　　结束与升华

　　　　　　合唱《我的未来不是梦》

　　　　　　教师做结束语，升华主题，学生分享收获与感受

　　　　　　填写《我的理想计划书》，或布置课后作业

## 七、背景信息

　　创造行为，个体产生具有独特性、新颖性和价值性成果的行为。其特点：（1）具有强烈的创造欲望和解决某一具体问题的观念意向；（2）具有获取某种基本价值的目标，并考虑实现创造行为主客观现实的可能性；（3）采用破除传统、习惯思维的方式，并赋予行为以创新的内涵。这些均是创造行为与一般行为区别的要点[④]。

　　成就需要理论，亦称"成就激励理论"。（1）美国心理学家麦克利兰（D. C. Meclelland）提出的一种有成就需要者如何在竞争中取得成功并得到满足的管理理论。认为个体的成就需要与他所处的经济、文化、社会、政府的发展程度有关，社会气氛也影响着人们的成就需要。成就需要强的人，事业心强、进取性大，把个人的成就看得比金钱更重要，他们在工作中因克服困难、解决难题、取得成功所带来的喜悦与振奋超过物质奖励。成就需要是个体在社会生活领域中对渴望成功地完成某件事情的客观需要的一种主观状态。当个体接受在社会生活各个方面有成就要求时，就会转化为成就需要。其高低影响个体的成就效果。高成就需要者具有三种心理品质：①喜欢能够发挥独立解决问题能力的环境，从事富有挑战性的工作，并从中获得满足；②在从事冒险性工作之前总要经过一番周密思考，并制定有限的成就目标；③必须有明确的不间断的关于工作进展的反馈，如得到嘉奖、提升

工资、晋升职务等，使其获得莫大的成就感。对这种高成就需要可以通过教育加以培养训练。(2)成就需要是美国人格心理学家默里（H. A. Murray）所提出的 28 种需要之一，即认为人具有坚忍不拔、克服困难、追求成就、超越他人、提高自尊的需要。阿特金森（J. W. Atkinson）认为成就需要源于人们对自己所做事情的评价，仅想有所成就的学生，还不会去寻求成功；只有在发现其所做的工作被评价时，才会有强烈的成就感和想做好事情的需要。⑤

## 参考文献

① 时蓉华 主编.社会心理学词典.成都：四川人民出版社,1988.第 135～136 页

② 车文博 主编.心理咨询大百科全书.杭州：浙江科学技术出版社，2001.第 128 页

③ 车文博 主编.当代西方心理学新词典.长春：吉林人民出版社，2001.第 190 页

④ 车文博 主编.当代西方心理学新词典.长春：吉林人民出版社，2001.第 47 页

⑤ 车文博 主编.当代西方心理学新词典.长春：吉林人民出版社，2001.第 40 页

## 八、附录：学生活动页

1. 每个人都有自己的理想，但是"想做的"和"能做的"事情之间并不总是相符，理想和现实有时会发生冲突。请每位同学写下自己"想做"和"能做"的事情，比如"我想做运动员，我能跑得很快"，"我想做艺术家，我能画出一幅好看的画"等等，思考自己"想做"和"能做"的事情之间有什么关系。

我想 _____ 我能 _____

我想 _____ 我能 _____

我想 _____ 我能 _____

2. 课程结束阶段，请同学们在听歌曲的同时，用 5 分钟时间完成《我的理想计划书》，并分享收获与体会。这一步骤也可以课后完成。

### 我的理想计划书

| | |
|---|---|
| 我的理想： | 具体目标： |
| 支持的因素： | 阻碍的因素： |
| 如何善用支持的因素： | 如何克服阻碍的因素： |
| 具体行动计划： | |
| 为达成目标我将要： | |

# 教学过程

<table>
<tr><td>开始<br>第 0<br>分钟</td><td colspan="2">

**第一阶段——导入（7分钟）**

**目标1:** 营造互动和轻松的氛围

**目标2:** 引出主题——实现理想

**1.活动名:** "我想——我能"

**2.具体操作:**

</td></tr>
<tr><td></td><td>

指导语：我们每个人都有自己的理想，但是"想做的"和"能做的"事情之间并不总是相符，理想和现实有时会发生冲突。请每位同学写下自己"想做"和"能做"的事情，比如"我想做运动员，我能跑得很快"，"我想做艺术家，我能画出一幅好看的画"等等，思考自己"想做"和"能做"的事情之间有什么关系。

我想 _____

我能 _____

同学们写完之后，请几位同学分享一下自己所写的内容，请大家

</td><td>

提示：活动伊始，为营造互动的气氛，教师可以自身举例，如"我想当老师，我能保持耐心，乐于和同学们相处"。



见学生读本。



可以请学生自由发言，控制在

</td></tr>
</table>

| | | |
|---|---|---|
| | 思考"想做"和"能做"的事情之间有什么关系。 | 3~5名之间。 |
| | **引导语**：我们想做的事情有很多，是不是所有想做的事情都是我们的理想呢？真正的理想和空想有什么区别，实现理想又需要哪些条件呢？下面我们通过一部电影《飞》来了解一下何谓理想？如何实现理想？ | 提示：过渡句。 |
| 第7分钟 | **第二阶段——理解何谓理想及实现理想的途径（33分钟）**<br>　　**目标1**：了解兴趣、能力与理想三者之间的关系<br>　　**目标2**：引导学生发掘实现理想的途径<br>　　**步骤1　何谓理想及其与空想的区别（7分钟）**<br>　　片段1（3′11″）：刘百刚说他的理想是造一架飞机，他的朋友小猜觉得他这是空想。 | 提示：注意每个步骤的时间。<br><br>放片段1<br>问题见PPT。 |

**引出的问题**：刘百刚的理想是什么？他的朋友小猜为什么说他的理想是空想？

刘百刚的理想是驾着一架飞机，翱翔于蓝天和白云之间，但是他的朋友小猜注意到他并没有为实现理想做出应有的准备，所以认为他是空想。

**教师总结**：理想需要兴趣的支持，但是理想不是光有兴趣就能实现的，还需要有一定的准备及合理的规划。

**引出的问题**：刘百刚为实现理想做出的准备是什么？他的朋友小猜为什么觉得他实现不了？

刘百刚觉得自己读了很多书，读书就是为了造飞机做准备，而小猜认为光读书是不能造出飞机来的。

实现理想是不是只要有知识就够了？在实现理想的过程当中可能还会遇到哪些困难？又该如何应对和解决？我们继续从刘百刚身上来寻找答案。

**提示**：过渡句。

**第 14 分钟**

　　**步骤 2　实现理想所需要的基础性的条件（7 分钟）**

　　片段 2（2′ 44″）：刘百刚最初的尝试失败了，他决定外出挣钱，学技术，五年后他学成回来开始造飞机。

放片段 2

问题见 PPT。

　　**引出的问题**：刘百刚最初的尝试为什么失败了？他从失败当中学到了什么？

　　刘百刚像制作风筝那样制作了一双翅膀，但他制作的翅膀并不能支撑他身体的重量，虽然他有一定的知识，明白飞机飞行的基本原理，但却缺乏具体操作的专业知识和必备技能。他从失败中意识到自己确实没有做好相应的准备工作，首先是缺乏技术和资金支持。

　　**教师总结**：通过刘百刚的事例我们可以看到，实现理想应当勇于尝试，敢于创新，不能因为暂时缺乏现实基础就轻言放弃。与此同时我们也应意识到在实现理想的过程中，一定要打好基础，只有做好充分的准备才能向理想的实现迈进一步。

　　**引出的问题**：有了技术和资金

支持之后，刘百刚还需要什么支持？他得到支持了吗？

刘百刚要求村长找人把住门口，不让村民随意打扰他造飞机的进程，村长答应了他的要求。说明实现理想除了自身需要具有兴趣，储备知识，学习技术等之外，还需要依靠一定的外部帮助，如朋友的理解和支持等。

**提示**：强调多种因素条件协同发挥作用。

做好这些基础准备之后，我们来看一看刘百刚的试飞是否取得了成功？是否又遇到了新的难题？我们接着往下看。

**提示**：过渡句。

**第 21 分钟**

### 步骤 3　突破瓶颈，实现理想所必需的其他条件（9分钟）

**片段 3（3′ 22″）**：刘百刚第一次试飞失败，朋友建议他用数学方法计算鸟类翅膀长度和重量的比例，通过测量，刘百刚有所顿悟。

放片段 3
问题见 PPT。

**引出的问题**：刘百刚学了技术，有了资金，造出了飞机，为什么试飞又失败了呢？

刘百刚虽然造出了飞机，但飞机的比例却不符合飞行的要求，虽然有了造飞机的知识，却没有联系实际，所以造出的飞机只是形态相似，功能却有差距。说明理论联系实际的重要性。

**引出的问题**：刘百刚的朋友给了他什么建议？实施这个建议的结果给刘百刚带来什么收获？

刘百刚的朋友建议他用数学方法对鸟类翅膀和重量等数据进行测算，结果发现鸟类的重量和翅膀长度的比例都是一样的，刘百刚发现了鸟类飞行的原理，决定应用这一原理对飞机进行改造。

**教师总结**：通过这一片段，我们可以看到刘百刚之所以能造出飞机，是因为一些基础条件，如兴趣、技术、资金等因素的支持，而试飞失败并非是这些已有的因素没有发挥作用，而是要想突破瓶颈，仍缺乏其他更核心、更重要的条件的支持。同学们看过片段之后是否有所启发？理想的实现还需要哪些因素的支持？

比如朋友的支持和建议给了刘百刚以勇气和信心，同时也带给他以灵感，使他领悟到解决问题的根本所在。由此可见，灵感和顿悟对

**提示**：很多重要的因素对实现理想都起到关键作用。可鼓励学生联系自身实际进行分享。

实现理想也有重要意义。很多时候"万事具备只欠东风"，一瞬间的灵感能够起到决定性的作用。而灵感只青睐有准备的人，空想不能导致灵感发生。

实现理想的过程从来不是一帆风顺的，需要人们不断在实践中摸索。在不断遭遇失败和打击的过程当中，刘百刚又是如何面对的？

提示：过渡句。

**第30分钟**

### 步骤 4 理解意志力对实现理想的作用（8分钟）

放片段4
问题见PPT。

**片段4（3′45″）**：刘百刚试飞多次都以失败告终，但他没有气馁，最后一次，朋友小猜劝他放弃，他还是坚持试飞，终于成功飞上蓝天。

**引出的问题**：刘百刚多次失败，最后为什么成功了？朋友叫他放弃，他为什么还是坚持下来？

刘百刚坚持不懈地努力是因为他一直没有忘记从小树立在心中的理想，和对理想的实现抱有极大的信心，他之所以能够成功，是与他惊人的意志力、顽强的奋斗精神分不开的。

**教师总结**：意志力在实现理想的过程中发挥了重要的作用，很多

提示：可以帮助

时候，失败不是因为缺乏兴趣或能力，而是没能坚持。兴趣、能力、意志力三者在实现理想的过程中是密不可分、协同发挥作用的。

此外，请同学们思考，在遭到他人的质疑时，如何面对多次失败的事实和面临放弃的打击，坚定实现理想的信念？

当主客观条件具备，不断付出努力，坚持不懈，永葆信心，理想就不再是空想，理想的实现将成为现实。

学生分析什么时候应当坚持，什么时候应当放弃。强调有现实基础的坚持和单纯空想的放弃。

**第 38 分钟**

## 第三阶段——结束与升华 （7分钟）

合唱《我的未来不是梦》
教师做结束语，升华主题，学生分享收获与感受。
用几分钟填写《我的理想计划书》，或布置课后作业。

同时播放《我的未来不是梦》。

**歌词《我的未来不是梦》**

你是不是像我在太阳下低头
流着汗水默默辛苦的工作
你是不是像我就算受了冷漠
也不放弃自己想要的生活

歌词及《我的理想计划书》，
见学生读本。

你是不是像我整天忙着追求
追求一种意想不到的温柔
你是不是像我曾经茫然失措
一次一次徘徊在十字街头

因为我
不在乎别人怎么说
我从来没有忘记我
对自己的承诺
对爱的执著

（歌声中结束）第 45 分钟

我 知 道
我的未来不是梦
我认真的过每一分钟
我的未来不是梦
我的心跟着希望在动
我的未来不是梦
我认真的过每一分钟
我的未来不是梦
我的心跟着希望在动
跟着希望在动

**提示：** 在同学们合唱歌曲的同时，教师用简洁的语言概括课程要点，升华主题，并鼓励学生分享体会与收获。